커피 씨앗도
경쟁한다

커피 씨앗도
경쟁한다

초판 1쇄 발행 2018년 12월 1일

지 은 이   정문호
발 행 인   권선복
편   집   전재진
디 자 인   김소영
전 자 책   서보미
발 행 처   도서출판 행복에너지
출판등록   제315-2011-000035호
주   소   (07679) 서울특별시 강서구 화곡로 232
전   화   0505-613-6133
팩   스   0303-0799-1560
홈페이지   www.happybook.or.kr
이 메 일   ksbdata@daum.net

값 15,000원

ISBN 979-11-5602-660-0 (13190)

Copyright ⓒ 정문호, 2018

행복에너지는 독자 여러분의 아이디어와 원고 투고를 기다립니다. 책으로 만들기를 원하는
콘텐츠가 있으신 분은 이메일이나 홈페이지를 통해 간단한 기획서와 기획의도, 연락처 등을
보내주십시오. 행복에너지의 문은 언제나 활짝 열려 있습니다.

공부하는 CEO의 행복한 경영 이야기

커피 씨앗도
경쟁한다

정문호 지음

도서
출판 행복에너지

도전하고 경쟁하며
배려하는 사람이 아름답다

"말단 사원에서 부회장까지 오른 비결이 무엇인가요?"

필자가 동국제강과 동국산업에서 42년 동안 현역으로 활동했고 지금도 고문으로 인연을 맺고 있는 것을 보면서 많은 사람들이 던지는 질문이다.

필자는 인복이 참 많은 사람이다. 좋은 회사를 만났고 훌륭한 상사들을 만났기에 인간관계를 원만하게 유지할 수 있었던 게 직장에서 장수의 비결이라면 비결이다.

"직장생활에서 가장 중요한 태도가 무엇일까?"

학습하는 자세다. 공자는 『논어』 첫머리에서 "학이시습지學而時習之 불역열호不亦說乎, 배우고 그것을 제때에 실행하면 기쁘지 아니한가."라고 설파했다. 배우고 실행하는 데서 기쁨을 얻는다는 말은 평생학습을 의미한다. 배움의 기쁨이 없으면 학습을 평생 동안 할 수 없기 때문이다. 필자는 직장생활을 하면서 학습의 기쁨을 추구했다. 말단 직원일 때는 물론 직위가 올라가면서도 평생학습의 열망은 기쁨이고 힘이 되었다.

동국제강그룹 미국 현지법인 사장으로 18년을 근무하면서 미국 사회에서 자본주의의 진수를 보고 배울 수 있었다. '공정한 경쟁'은 미국의 자랑이다. 미국생활을 통해 경쟁이란 말이 자연스럽게 삶 속에 녹아들었다. 경쟁력이 있어야 발전한다는 것이 진리로 받아들여졌던 것이다. '경쟁'은 내 삶을 관통하는 키워드다.

모든 생명체는 경쟁을 통하여 생존하고 발전한다. 선의의 경쟁은 생명체의 숙명이다. 경쟁은 선택의 문제가 아닌 삶의 본질에 기초하여 나타나는 자연적 현상이고 속성이다. 이러한 생존본능은 인간뿐만 아니라 동물이나 식물에서도 다르지 않다.

경쟁은 사회를 발전시키는 산소와 같고 빛과 같은 요소다. 경쟁을 좋아하는 사람은 없다. 하지만 외부로부터의 자극과 경쟁이 없는 폐쇄사회나 조직은 나태해지기 마련이며 장기적으로는 도태된다.

경쟁은 냉정하다. 승자가 있는 곳에 패자도 있다. 따뜻한 마음을 가진 사람이라면 피하고 싶은 시스템이다. 하지만 우리가 원하든 원하지 않든 상관없이 정도의 차이는 있지만 각 분야에서 경쟁은 필연적으로 존재한다.

경쟁의 냉정함을 피하고자 하는 방향보다는 선의의 경쟁, 공정한 경쟁은 사회와 국가 발전에 활력소가 된다. 나아가 포용적인 경쟁을 통해 경쟁에서 탈락한 사람들에 대한 배려와 안전망이 필요하다. 아울러 경쟁에 대한 긍정적 자세를 통해 경쟁 자체가 우리 삶에 있어 독이 아닌 약이 되게 하는 지혜로움이 필요하다.

부족한 필자가 책을 쓰기로 결심한 데는 세 가지 이유가 있다.

첫째, 평생학습의 중요성을 강조하기 위해서다. 지식정보 사회는 항상 배우고 익히는 자세를 요구한다. 미국의 자동차 왕 헨리 포드가 "20살이든 80살이든 배움을 멈추면 늙는다. 누구든 배움을 계속하는 사람이 젊다. 인생에 있어서 가장 위대한 것은 정신을 젊게 유지하는 것이다."라고 강조한 말은 지금도 감동을 준다.

둘째, 경쟁을 회피하지 말고 긍정적으로 받아들이기 위해서다. 경쟁은 가능하면 피하고 싶은 게 인지상정이다. 하지만 경쟁을 피해서 갈 곳은 없다. 그렇다면 경쟁에 대해서 갖는 긍정적인 자세가 중요하다. 책 제목을 『커피 씨앗도 경쟁한다』라고 붙인 이유이기도 하다.

셋째, 삶의 재충전에 대하여 공감대를 형성하기 위해서다. 경쟁이 중요하지만 그 경쟁 속에 함몰되어서는 안 된다. 인생에는 충전이 필요하다. 독서, 여행 등에 관한 이야기를 많이 한 것도 경쟁의 피로감을 회복하고 도약을 위한 충전이 필요하기 때문이다.

우리가 눈뜨면 생활하는 사회도 선의의 경쟁을 하는 터전이다.

필자는 일찍이 공군 장교의 복무를 마치고 1969년 1월 동국제강 그룹에 입사하여 동국산업 부회장까지 현역으로 40여 년을, 이후 고문과 계열회사의 사외이사로 10년 가까이 인연을 이어가고 있다.

그동안 항상 격려하고 지원해 주신 동국제강 그룹의 장상태 회장님, 장상건 회장님, 장상돈 회장님께 감사를 드리며, 50여 년 동안 고락을 함께한 직장 선후배와 동료들에게도 고마운 마음을 전한다.

사회활동으로서 국제로타리 봉사활동을 시작한 지 20여 년이 되었다. 서울대학교 AMP로타리 회원으로 주간 모임에 참석하면서 회원들을 위한 주보에 칼럼을 쓰기 시작한 지도 벌써 9년이 흘러갔다. 회원들의 대부분이 기업가, 전문 경영인이기 때문에 전문 지식보다는 일반 경영에 관련된 내용과 리더로서 갖추어야 할 인문, 교양, 역사, 철학에 중점을 두었다.

지금까지 직장생활에서 얻은 지식과 경험 또한 많은 참고가 되었다. 특히 전국경제인연합회, 삼성경제연구소의 SERICEO, 인간개발연구원HDI, 국가경영전략연구원NSI 등의 조찬세미나에서 얻은 지식도 유용한 자료가 되었다.

이 책이 만들어지기까지는 많은 분들의 도움이 있었다.

인간개발연구원의 장만기 회장님의 격려의 말씀이 큰 힘이 되었고, '책·글쓰기학교'의 김창송 회장님, 박춘봉 회장님, 가재산 회장님과 회원님들의 응원도 책을 쓰는 데 버팀목이 되어주었다. 인간개발연구원 원장을 지낸 인천재능대 양병무 교수님은 책을 낼 수 있도록 용기를 주고 세세한 자문을 해주었다.

이 칼럼들이 지난 9년 동안 서울대학교 AMP로타리 주보에 실리는 데는 로타리 회원님들의 격려와 성원이 있어서 가능했다. 국제 로타리 3640지구 홍기호 전 총재님, 박종공 회장님께도 감사의 말씀을 드린다.

가정에서 많은 격려를 해준 아내(김경애)와 딸(승은), 아들(재욱)에게도 고맙다는 말을 전하고 싶다. 책이 나오도록 심혈을 기울여 주신 도서출판 행복에너지 권선복 사장님과 편집진에게도 감사를 드린다.

이 책이 경쟁에 항상 노출되어 있는 경영자와 직장인들의 리더십과 자기계발에 조금이라도 도움이 된다면 더 이상의 기쁨과 보람이 없겠다.

2018년

선당(鮮塘) 정문호

장만기 인간개발연구원 회장

"좋은 사람이 좋은 세상을 만든다Better people, Better world." 이는 내가 40년 동안 지켜 온 신념이다. 이 책 『커피 씨앗도 경쟁한다』의 저자 정문호 동국산업 전 부회장님 역시 땅도 좁고 자원도 부족한 한국이 가진 최고의 경쟁력은 다름 아닌 사람임을 일찍부터 깨닫고, 본인의 경험과 지식을 사람과 나누고 공유하는 데 앞장서 왔다. 세상을 더 좋게 만들기 위한 그의 삶의 철학이 고스란히 배어 있는 이 책을 통해, 더 많은 사람들이 치열한 경쟁사회에서도 살아남는 현명함과 긍정의 에너지를 얻게 되기를 소망한다.

성낙인 제26대 서울대학교 총장

인공지능AI, 로봇기술RT, 생명과학LS이 주도하는 4차 산업혁명 시대에도 교육에 있어서 빼놓을 수 없는 항목이 있다. 글로벌 시대를 선도할 젊은 청년들이 세계적 경쟁력을 키울 수 있도록 글로벌 교육에 힘써야 한다는 점이다. 정문호 회장님은 서울대 AMP로타리 회장으로서 사회봉사활동에도 크게 기여하였다. 평소 대학생을 상대로 한 멘토 프로그램에 참여하는 등 젊은 세대와의 소통에도 적극 힘써 왔다. 이 책은 경쟁에 지친 젊은 세대들에게 힐링서인 동시에 진정한 경쟁철학을 일깨워 주는 지침서가 될 것이다.

안충영 제3대 동반성장위원회 위원장, 중앙대학교 석좌교수

이 책의 키워드는 크게 2가지로 압축할 수 있다. '경쟁'과 '협력'이다. 선의의 경쟁을 펼치고, 협력업체에 대한 배려를 잊지 않는 것! 우리 경제는 상생협력을 통해 대기업과 중소기업이 원원의 결과를 창조하는 기업생태계 조성을 절실히 요구하고 있다. 정문호 회장님의 저서『 (공부하는 CEO의 행복한 경영이야기)커피 씨앗도 경쟁한다』를 통해 진정한 리더십과 자기계발의 비결을 찾아보기 원하는 독자들에게 이 책의 일독을 권한다.

홍기호 국제로타리 3640지구 제19대 총재

오드리 헵번은 "기억하라. 만약 내가 도움을 주는 손이 필요하다면 너의 팔 끝에 있는 손을 이용하면 된다."라고 말했다. 정문호 회장님 또한 치열한 경쟁 속에 살면서도 20여 년 넘게 국제로타리 봉사활동에 매진할 만큼 솔선수범하면서 나눔의 행복을 널리 설파해 왔다. 이 책은 메말라 가는 이 세상 사람들의 마음에 평소 정문호 회장님께서 설파하고 실천해 오셨던 '봉사와 나눔의 철학'이 얼마나 가치 있는 일인가를 느끼게 하는 훌륭한 선물이 될 것이다. 기업인과 경영자뿐만 아니라 로타리안들에게 필독서가 되리라 믿는다.

양병무 인천재능대학교 교수

"아름다운 겨울은 인생의 봄과 여름과 가을을 잘 보낸 사람만이 누릴 수 있는 축복"이라는 말이 있다. 이 글귀를 읽을 때마다 정문호 회장님이 떠오른다. 전문 경영인일 때에도, 일선에서 물러나 경영 고문으로 활동하시면서 제2의 인생을 살고 있는 현재에도, 늘 배우고 익히며 읽고 쓰는 일에 게으름이 없으시다. 이 때문에 인문, 교양, 역사, 철학에 이르기까지 골고루 섭렵한 저자의 안목과 식견에 절로 경의를 표하게 된다. 정 회장님의 기록과 생각의 집대성인 책 『커피 씨앗도 경쟁한다』를 통해 현대사회에서의 경쟁의 참된 의미를 되새길 수 있는 좋은 기회가 되리라 확신한다.

목차

PART 2 변화만이 살길이다

PART 3 성공하는 이유는 반드시 있다

PART 8 일상에서 배우다

스마트한 세상살이,
정말 스마트한가?

우리는 스마트한 세상에 살고 있다. 아침에 집을 나서기 전에 스마트폰으로 날씨를 확인하고 하루 일정을 체크한다. 스마트폰으로 문자를 주고받고 뉴스를 검색한다. 태블릿PC를 이용해 책과 신문을 읽는다.

페이스북이나 트위터 등 SNS(소셜 네트워크 서비스)에 접속해서 세계인과 실시간으로 대화도 나눈다. 스마트 기기를 통해 전 세계가 하나로 연결된 열린 사회, 열린 지구촌을 경험하고 있는 것이다. 스마트폰에서 시작한 스마트 혁신은 스마트 TV, 스마트 냉장고, 스마트 카, 스마트 홈 등으로 빠르게 확산되고 있다.

2009년 11월에 아이폰이 국내에 처음 상륙했을 때만 해도 80만 명에 불과했던 스마트폰 가입자 수가 이후 폭발적으로 늘어나 거의 전 국민이 사용하고 있을 정도다. 그야말로 스마트 기기가 없으면 스마트 문맹이 되는 세상이 도래했다.

스마트 기기로 무장한 젊은이들이 페이스북과 트위터 등 SNS로 의견을 봇물처럼 쏟아내면서 소셜 네트워크는 경제 분야를 넘어 정치, 사회, 문화 현상을 설명하는 아이콘이 되고 있다. 최근 정보 통신정책연구원의 조사에 따르면 10명 중 9명은 지하철 등 대중교통 수단 내에서 스마트폰을 즐긴다고 한다. 과거와 같이 신문이나 종이책을 들고 독서하는 승객은 거의 찾아보기 힘들 정도다.

　　이러한 변화는 시작에 불과하다. 일하는 방식에도 변화가 생기고 있다. 워크 스마트Work Smart는 스마트폰이나 태블릿PC를 이용해 시간과 장소에 구애받지 않고 업무를 가장 효율적으로 처리할 수 있게 했다. 지하철이나 카페 같은 일종의 거리사무실에서 회사업무를 볼 수 있고 얼굴을 맞대지 않고 영상회의로 의견을 나눌 수도 있다. 스마트 기기는 인간과 인간, 인간과 사물, 인간과 환경 사이에 물리적 거리감을 해소하면서 실시간 소통을 가능하게 만들었다.

　　그러나 이렇게 빨리 변하는 환경에서 SNS가 얼굴과 얼굴을 맞대고 대화를 통해 인간관계를 형성했던 전통적인 방식을 대체할 수 있는지에 대해서는 의문이 생긴다. 전화가 처음 발명되었을 때 사람들은 전화기가 전통적인 인간관계 방식을 대체할 것으로 예측했다. 그리고 팩스와 e-mail이 등장했을 때도 사람들은 같은 예측을 했다. 컴퓨터와 인터넷의 급속한 성장으로 닷컴Dot.com 광풍이 불던 1990년대 후반에도 사람들은 얼굴을 맞대고 대화를 통해 이루어지던 전통적인 인간관계가 사라질 것이라고 예측했다.

　　하지만 최근 발표된 한 연구결과를 보면 기술의 발달로 현대인의 업무처리 방법이 다양해지고 편리해졌음에도 불구하고 얼굴을 맞대고 대화를 통해 이루어지는 업무가 훨씬 효과가 높은 것으로 나타났다.

미국 하버드 대학의 경제학자인 에드워드 글래서는 『도시의 승리』라는 저서에서 e-mail이 탄생한 후 기업인들의 출장이 줄어들기는커녕 오히려 더 증가했고, 영상시스템이 개발된 후에도 회의를 위한 기업인들의 출장이 늘었다고 강조했다.

지금은 페이스북과 같은 SNS를 통한 커뮤니케이션과, 실시간 e-mail 등으로 사람들 간의 소통은 더 빨라지고, 더 많은 사람들과 연결되고 있다. 그러나 사람들과 얼굴을 맞대고 이야기를 나누는 시간은 더 줄었다. 친구와 만나도, 가족과 오랜만에 한자리에 앉는 순간에도 각자의 스마트폰 세계로 빠져든다. 소통을 촉진하고 만남을 더 자연스럽게 한다는 스마트폰이 대화의 부재, 소통의 단절을 야기하고 있다.

스마트폰 보급이 확산되면서 여러 가지 문제점들도 드러나고 있다. 스마트폰 없이는 불안 초조하여 생활이 불가능할 정도로 의존도가 높아지는 현상이나, 디지털 기기에 대한 지나친 의존으로 기억력이나 계산능력이 크게 떨어지는 디지털 치매 등이 그것이다. 미국 럿거스대 게일 포커 교수는 "블랙베리(스마트폰) 사용자의 50%는 블랙베리가 없으면 불안해지고, 10%는 공황장애를 경험했다." 라고 연구 결과를 발표했다.

디지털 기기와 스마트 기기가 축복이기는 하지만 또 한편으로 우리에게 무엇을 하고 어떻게 살 것인가를 더 고민하게 만든다. 현재의 삶을 더 스마트하고 행복하게 해줄 훌륭한 수단이지만 스마트 기기의 가치는 이것을 이용하는 인간에게 달렸다. 『퓨처 마인드』의 저자 리처드 왓슨은 "우리를 진정 인간답게 만드는 것은 깊은 사고"라고 강조하며 "매일 엄청난 정보를 접하면서 정보의 노예가 되지 말고 틈틈이 정보를 줄이는 노력을 기울이라."고 권고했다.

SNS는 이제 피할 수 없는 우리 생활의 일부분이 되었다. 우리 사회에 미치는 긍정적인 영향력도 크다. 그러나 얼굴을 맞대고 오감을 통해 나누는 대화에는 인터넷과 SNS를 통해서는 얻을 수 없고 전달할 수 없는 가치와 의미가 있다. 몸짓과 표정, 잔잔한 미소를 통해 나눌 수 있는 정서는 얼굴을 맞대야만 이해할 수 있다. 따라서 SNS가 아무리 발전해도 전통적인 인간관계를 대체할 수는 없을 것이다.

스마트 기기들을 어떻게 효과적으로 활용할 수 있는지는 현대를 살아가는 우리 자신들의 몫이다.

세계로 뻗어가는
한류

한때 싸이의 '강남스타일'이 크게 유행했다. 국내에서보다 해외에서 더 요란스러웠다. 영국, 프랑스, 미국, 남미, 중동 등 세계 223개국에서 8억 명 이상이 싸이의 말춤을 추었다. 유튜브 조회 건수 신기록을 기록하며 세계적으로 '강남스타일'을 알렸다.

미국 시사주간지 〈타임TIME〉지가 선정하는 2012년의 인물 후보에도 올랐다. 거기에는 당시 버락 오바마 미국 대통령과 시진핑 주석이 함께 포함되어 있었다. 타임은 싸이에 대해 "능란하고 천재적인 풍자를 지닌 '강남스타일' 뮤직비디오는 음속보다 빠르게 유튜브에서 8억 2천만 건이 넘는 조회 수를 기록했다."라고 설명했다. 역대 최대 조회 수다. 전 세계 70억 인구가 있다면 9명 중 1명이 이 뮤직비디오를 본 셈이다.

미남도 아닌, 둥글둥글한 얼굴에 선글라스를 쓴 동양인이 펄쩍펄쩍 뛰면서 우스꽝스럽게 말춤을 추었다. 코믹함, 단순함, 반복성, 기발함이 어우러진 뮤직비디오는 불경기에 짓눌린 지구촌에 큰 웃음을 선사했다. 덩달아 한국과 한국문화는 지난 수십 년간 이루지 못했던 홍보효과를 독독히 누렸다.

싸이의 성공요인은 개방성, 솔직함, 명쾌함 그리고 즐거움에 있다. 폼 잡고 포장하기보다는 어딘지 속내를 있는 그대로 툭 터놓는 듯한 그 쿨Cool함이 진짜 성공의 요인이었다. 대중의 시대에 접어든 지구촌의 공통적인 변화를 잘 반영하고 있다.

또 하나의 요인은 창의성이다. 남의 것을 베끼는 '캐치 업Catch Up' 전략에서 벗어나 세상에 없던 새로운 제품과 시장에 도전하는 '퍼스트 무버First Mover'로서의 전략이 주효했다.

뮤직비디오 제작 당시에는 전국의 안무가들에게 상금을 걸고 아이디어를 받아냈다고 한다. 한두 명의 전문 안무가의 경험에 의존하지 않고 다수의 지혜를 얻어내기 위한 실험을 단행했다. 화제가 됐던 '말춤' 또한 이 과정에서 탄생했던 것이다. 그리고 저작권을 버리고 패러디를 택했다. 패러디는 원저작물의 확산을 배가시키는 '후광효과'를 발휘했다. 가장 강력한 무료 마케팅 툴Tool인 셈이다.

세계 최대 정보기술IT 기업 중 하나인 구글의 에릭 슈미트 회장이 2012년 9월 한국에 왔다. 연세대학교에서 '미래 혁신을 주도하는 글로벌 리더십'을 주제로 강연을 했다. 그는 한국에 와서 가수 싸이를 만났다고 하면서 강남스타일 신드롬에 대해 "우리 모두가 연결되어 있다. 싸이의 말춤이 유튜브를 통해 전 세계로 전해졌다.

이게 한국스타일"이라며 감탄했다. 그는 "싸이처럼 자신만의 스타일을 찾는 것이 중요하다. 한국에만 머물지 말고 자신만의 독창적인 스타일을 찾아가다 보면 세계 어디서든지 통할 것"이라고 강조했다.

슈미트 회장은 또 "구글은 이런 괴짜들을 사랑한다."라고 했다. "공부를 열심히 한 사람, 똑똑한 사람, 유연한 사람을 원한다. 영어는 중요하지 않다."라고 말했고, "남들과 다른 특별한 재능이 있는 사람, 특히 팀 활동에 뛰어난 인재"를 강조했다. 그는 강의 마지막에 이렇게 당부했다고 한다.

"새로운 기회에는 긍정적인 자세로 항상 '예스Yes'라고 답하라. 항상 시도해야 한다. 그냥 앉아 있지 말고."

싸이는 넉넉한 집안에서 자랐지만 안주할 수 있는 길을 포기했다. 그리고 부모에게 순종하는 자식이 아니라 반항아였다. 한때 방송출연 금지, 대체복무와 군대를 합쳐 5년 동안 활동을 못 했지만 자신이 하고 싶은 일, 또 잘할 수 있는 길을 선택해 창의성과 독창성으로 세계적인 명성을 얻고 세상을 들썩거리게 만들었다.

우리 부모들은 자기 세대의 가치관에 맞는 좋은 직업을 자식들에게 강요하는 경향이 있다. 그러나 정보기술이 세상을 바꾸어 놓은 것처럼 기술의 발전과 세상의 변화가 너무나 빠르다. 부모가 오늘 자식에게 강요하는 직업은 가까운 미래에 세상에서 사라져 버릴지 모른다.

차라리 요즘 아이들이 좋아하는 직업을 추구하도록 내버려 둔다면 아이들은 아이들 나름대로 좋아하는 일을 찾게 되고 거기서 행복을 느낄 수 있을 것이다.

가수 싸이가 쏟아낸 말이 가슴에 와 닿는다. "지치면 지는 겁니다. 미치면 이기는 겁니다."

싸이는 자신이 '딴따라'라고 당당하게 말하는 가수다. 싸이는 전 세계에 한류를 알리는 기반을 마련했다. 싸이가 쌓아놓은 토대 위에서 엑소EXO, 방탄소년단BTS과 같은 한류 스타들이 세계무대에서 활동을 이어가고 있다. 방탄소년단이 미국에서 공연할 때 미국의 팬들이 눈물을 흘리며 열광하는 모습을 보면서 한류의 영향력을 실감하고 있다.

한국이 낳은 월드 아이돌 방탄소년단이 2018년 앨범 순위를 매기는 '빌보드 200'에서 한국어 노래로 1위에 올랐다. 6년 전 '강남스타일' 싸이가 싱글 차트 2위까지 올랐는데 이제 방탄소년단이 앨범 차트 정상을 밟았다. 세계로 뻗어가는 한류의 위상이 돋보인다.

기업의 생명력은
창의력과 상상력

최근 들어 '창조創造'라는 말이 유행처럼 쓰이고 있다. 급격한 환경변화 속에서 과거의 방법과 의식구조로는 살아갈 수 없는 새로운 창조시대Creative age에 살고 있기 때문이다. 우리 사회는 농경사회, 산업사회를 거쳐 지식정보화사회로 급속하게 이동하고 있다.

1970년 우리나라 농촌인구가 69%에서 현재 4~5%대로 떨어졌다. 40년 전만 해도 농업인구가 10분의 1로 줄어들 것이라고 예측한 사람은 거의 없었다.

미국의 경제학자 제레미 리프킨은 3차 산업혁명을 예고하면서 "20~30년 후에는 제조업 물량을 현재 노동력의 10%만 가지고도 충분히 해결할 수 있다. 나머지 90%의 노동력은 새로 등장하는 산업에서 종사할 것이다."라고 예측했다.

이러한 급격한 환경변화에 적응하지 못해 쓰러지는 세계적인 일류기업들이 수도 없이 많다. 과거에는 기업의 평균수명을 30년이라고 말하지만 맥킨지 조사에 따르면 지금의 기업수명은 15년으로 짧아졌다.

평균수명이 짧아진 만큼 세계적인 기업으로 부상하는 데도 시간이 오래 걸리지 않는다. 최근 10년만 봐도 국내외적으로 이전에는 전혀 알려지지 않았던 신생회사들이 하루아침에 세계적인 회사로 급부상하고 있는 경우가 많다. 글로벌 우량기업의 대부분은 급변하는 환경 속에서 기회를 잡은 창조적인 기업들이 대부분이다.

불과 2~3년 전까지만 해도 경영자가 갖추어야 할 덕목의 첫 번째가 '혁신'이었다. 그러나 오늘날 기업경영의 키워드는 '창조'로 바뀌었다. 혁신의 전도사가 GE의 잭 웰치였다면 애플 컴퓨터의 스티브 잡스는 창조경영 시대의 대명사로 떠올랐다. 한때 삼성의 이건희 회장 역시 미래를 위한 키워드로 혁신을 버리고 창조를 내세우기도 하였다.

이건희 회장은 위기의식을 강조하면서 "앞으로 예측하기 힘들 정도의 급속한 변화가 일어날 것이다. 창조경영으로 미래를 대비해야 한다."라고 강조했다.

창조력은 창의력과 실행력으로 이루어진다. 창의는 독창성이 있는 아이디어 즉 남과 다른 새로운 발상을 뜻한다. 창의는 실행력을 만나야 창조력이 된다.

요즈음 창조경영을 부르짖는 것은 무한경쟁의 파고가 나날이 높아져 이제는 창조력 없이는 미래가 보이지 않기 때문이다. 창조력은 조직문화가 변해야 하는 것이며, 조직문화가 바뀐다는 것은 엄청난 투자와 인내가 필요하다.

창조는 혁신과 비슷한 말 같지만, 혁신이 기존 방식을 바꾸는 것이라면 창조는 무에서 유를 만드는 것이라는 점이 다르다. 모르는 것을 만드는 것이기 때문에 어디서부터 시작해야 하는지 알 수 없고, 혁신에 비해 체계적 접근이 어려울 수밖에 없다. 하지만 아는 것을 바꾸는 혁신은 그 범위와 가능성이 유한한 반면 창조는 우주 이상으로 무한한 가능성이 있다.

세계적으로 창의력이 강한 민족은 유태인이다. 노벨상을 제정한 1901년부터 지금까지 노벨상(문학상 · 평화상 제외) 수상자의 3분의 1이 유태인이었다. 미국 아이비리그 대학 교수의 5분의 1, 미국 100대 부호의 5분의 1이 유태인이다.

이 기적 같은 유태인의 힘은 100% 교육에서 나온다. 유태인의 어머니들이 자녀를 가르치는 말의 핵심은 "몸을 쓰지 말고 머리를 쓰라."는 것이다. 공사장의 잡역부를 해도 몸을 쓰는 사람과 머리를 쓰는 사람의 성과는 비교할 수 없는 차이가 날 수밖에 없다.

창조라고 하면 우리는 뛰어난 두뇌를 가진 범상치 않은 천재가 만들어내는 유일무이한 발명품을 떠올리고, 창조적 인간은 일반 사람과는 거리가 먼 사람처럼 느낀다. 하지만 신神의 영역이 아닌 인간의 창조란 "새롭고 유익한 아이디어를 만드는 모든 활동"이라고 할 수 있다.

경영자라면 누구나 변화를 상상할 수 있어야 한다. 불황의 늪에서도 벅찬 희망을 찾아내는 우리 경영자들의 창조적 상상력을 기대해 본다.

성큼 다가선
사물인터넷 시대

우리나라에 처음으로 인터넷이 들어온 지 30여 년이 지났다. 그동안 경제, 사회, 문화 등 거의 모든 사회요소들이 인터넷으로 재편되었다. 이제는 인터넷이 없으면 하루도 사회가 운영될 수 없고 생활을 영위하기가 어려울 정도가 되었다.

국내 인터넷 사용 인구는 4,000만 명에 육박하며 총인구의 약 80%가 인터넷을 통해 이루어 내는 경제규모는 약 86조 원에 이른다.

1980년대 중반만 하더라도 팩스보다는 텔렉스가 훨씬 많았고 랩톱Lap Top은 고사하고 PC도 드물었다. 휴대전화는 물론이고, 인터넷, e-mail, 화상회의 등은 상당한 시간이 지난 후에야 나타났다. 그 시절 어느 누군가가 오늘날 우리가 쓰는 휴대폰의 각종 기능을 탑재한 제품이 나올 것이라고 말했다면 아무도 그를 믿지 않았을 것이다.

지금은 인터넷 기반의 정보기술 혁명이 우리의 삶 곳곳에 영향을 미치고 있다. IT혁명은 18세기 영국의 산업혁명보다 수백 배의 파급효과가 있음을 부인할 수 없다. 전 세계 모든 사람과 국경 없는 통신과 협력이 가능해졌고 빠르고 좋은 품질의 서비스를 언제 어디서든 받을 수 있게 되었다.

2017년 현재 인터넷을 쓰는 사람은 전 세계 인구 중 약 36억 명 수준이다. 머지않아 저 멀리 사막 한가운데 사는 사람까지도 인터넷과 연결될 것이라는 전문가들의 전망도 나온다.

급변하는 환경과 기술의 발전은 세상을 스마트하게 활짝 열었다. 우리의 삶에 혁명을 가져왔다고 할 수 있다. 스마트폰이 대중화되면서 PC를 통해 네이버 등 포털에 접촉하는 이용자는 크게 줄었다. 지난 30년간 IT업계의 1위를 지켰던 마이크로소프트MS는 2010년 애플에 추월당한 지 2년 만에 구글Google에도 밀렸다.

MS는 PC 운영체제인 윈도우를 기반으로 하는 PC 시대를 이끈 선두주자였지만 모바일 체제로 전환이 늦어 역전을 허용했다. MS의 스티브 발머 전 최고경영자가 공식석상에서 "모바일 시장의 변화를 따라잡지 못한 것에 대해 후회한다."고 말했다. PC 시장의 성공 체험에 안주하다가 스마트폰이라는 새로운 시장의 부상을 간과한 것에 대한 뼈아픈 반성을 한 것이다.

네트워킹 기술 발전과 함께 스마트폰을 필두로 한 똑똑한 모바일 기기가 널리 확산되면서 우리는 본격적인 커넥티드Connected 시대를 맞고 있다. 언제 어디서나 원하는 데이터 접속이 가능할 뿐만 아니라, 세계 어느 곳에 있는 사람들과도 실시간으로 바로 소통이 가능한 세상을 살게 된 것이다. 손 안의 작은 스마트폰 하나면 세상 모든 곳의 사람들과 커넥티드 상태를 유지하며, 과거에는 상상할 수 없었던 각종 혜택을 누릴 수 있게 됐다.

스마트폰이 '손 안의 컴퓨터'로 우리 곁에 다가왔을 때 세상은 깜짝 놀랐다. 그리고 이제 다시 한번 놀랄 준비를 해야 한다. 과거에는 없었던 또 하나의 새로운 세상이 눈앞에 펼쳐지려 하기 때문이다.

사물에 센서Sensor를 부착하여 실시간으로 정보를 모은 후 인터넷을 통해 전달해 주는 사물인터넷Internet of Things-IoT이 보편화되면서, 관련 사업은 물론이고 기업 활동이나 개개인의 삶에 커다란 지각 변동이 예상된다.

정보를 획득, 저장 분석한 후 활동하고 예측하게 도와주는 사물인터넷은 사람과 사람, 사람과 사물, 나아가 사물과 사물이 서로 정보를 주고받을 수 있어 냉장고, TV, 세탁기 등은 물론 전기, 수도, 온도계, 습도계 등 온갖 사물이 인터넷으로 연결돼 주변 환경에 따라 자동적으로 최적의 상태를 유지하도록 작동된다.

앞으로 특정 사물의 수준을 넘어 만물이 인터넷에 연결되어 상호작용을 하는 만물인터넷Internet of Everything-IoE이 가능해지는 초연결사회가 구축될 것이라고 한다.

한국은 스마트폰 보급률 세계 1위에 올랐다. 즉 성인의 94%가 휴대폰을 보유하고 있는 나라다. 2018년 미국조사기관 퓨리서치가 내놓은 결과다. 그것도 압도적 1위다. 휴대폰 보급률은 우리나라 다음으로 이스라엘이 83%로 2위를 기록하며 그 격차도 크다. 스마트폰 종주국 미국은 77%로 7위를 차지했다.

　2013년 IBM은 컴퓨터가 5년 안에 인간과 같은 오감을 갖게 될 것이라고 하기도 했다. 사람이 직접 조작하지 않아도 기계가 알아서 반응하는 '디지털 육감 기술'이 조만간 가능해질 것이라는 예측이다. 이런 추세라면 사람의 마음을 읽고 주변 환경도 적절하게 파악해 맞춤형 정보나 서비스를 제공하는 '친절한 기계'가 등장할 날도 멀지 않은 것 같다.

　이렇게 우리 생활에 편리를 제공하는 문명의 이기利器도 빛과 그림자를 가지고 있다. 스마트폰은 인간사회를 통제하는 리바이어던 Leviathan(괴물)이 되어가고 있다. 휴대전화를 잃어버린 경험이 있는 사람은 알 것이다. 가족의 전화번호, 친구의 이름조차도 생각나지 않아 황당한 경우가 있다. 불안해하는 사람도 있고, 공황상태를 경험하는 사람도 있다.

　이런 생활패턴이 결국 우리가 생각하는 방식에 부정적 영향을 미친다고 진단한다. 새로운 정보를 쫓는 데 온통 머리를 쓰다 보니 정작 그것을 분석하고, 대안을 마련해 합리적 결정을 내리는 이유나 능력을 기르지 못하고 있다는 것이다.

　스마트폰이 똑똑하게 진화할수록 인간은 생각하는 능력을 잃어버리고 퇴화되어 가고 있다. 프랑스의 시인이자 철학자인 폴 발레리가 한 말이 더욱 가슴에 다가온다.

"용기를 내어서 그대가 생각하는 대로 살지 않으면, 머지않아 그대는 사는 대로 생각하게 된다If you don't live the way you think, you'll think the way you live." 스마트 시대를 살아가는 우리에게 많은 것을 생각하게 한다.

격변의 IT시대,
졸면 죽는다

"미래를 예측하는 최고의 방법은 미래를 만들어 가는 것이다."

태블릿의 아버지라 불리는 미국의 과학자 앨런 케이의 말이다. 수많은 예측기법과 엄청난 빅데이터를 활용해도 미래를 가늠하기가 어렵다. 기다리지 말고 도전하고 개척해야 하는 것이 오늘날 정보기술 IT시대의 현실이다.

시대가 많이 달라졌다. 차원이 다른 새로운 도전이 기다리고 있다. IT시대에 접어들면서 2등은 의미가 없다. 1등만이 살아남는 시대다. 패스트 팔로어Fast follower가 아닌 퍼스트 무버First mover가 되어야 살 수 있다. "졸면 죽는다."라는 말이 실감이 난다.

영국의 철학자 버트런드 러셀은 "닭에게 평생 동안 매일 먹이를 주던 사람이 결국 닭의 목을 비튼다."라고 말했다. 그 닭은 운명의 시간을 맞을 때도 여느 날처럼 농장 주인이 먹이를 주러 다가오고 있다고 믿었을 것이다.

닭은 왜 어리석은가. 평온한 일상이 언제까지나 되풀이될 것으로 믿기 때문이다. 지나고 보면 필연이었던 변화를 예견하지 못한 건, 변함없는 일상에 철저히 길들여진 탓이다. 안정 속에 숨은 격변의 씨앗을 보지 못했기 때문이다.

최근 IT업계의 부침을 보면서 더욱 급변하는 환경변화를 실감하게 된다. 1865년에 설립된 핀란드의 노키아는 종이, 고무, 통신, TV, 컴퓨터 사업을 거쳐 1990년대 휴대폰까지 끊임없는 혁신을 통해 살아남았다. 1998년 드디어 미국의 모토로라를 제치고 전 세계 휴대폰 시장 1위에 올라선 후 10년 동안 혁신의 끈을 놓치지 않고 왕좌를 지켜왔다. 한때 핀란드 GDP(국내총생산)의 25%를 담당하기도 했다.

원동력은 혁신이었다. 한때 시장점유율 50%를 돌파한 괴력 뒤에는 혁신의 노력이 자리 잡고 있었다. 그러나 이러한 노키아도 시대 흐름을 외면했기 때문에 마이크로소프트에 휴대폰 사업부를 넘기고 몰락의 길을 걸었다.

또한 스마트폰의 원조라 불리며 한때 애플, 노키아를 능가하는 IT기업으로 칭송받던 캐나다의 '블랙베리'도 최근 매각되었다는 소식이다. '오바마 폰'이라 불리며 미국 스마트폰 시장을 주름잡던 블랙베리, 2009년 세계 스마트폰 시장 1위를 차지하기도 했다. 하지만 IT업계의 변화의 바람에 적응하지 못해 쇠락의 길을 걸었다.

2007년 애플의 아이폰이 처음 출시된 이후 아이폰을 두고 "질 낮은 장난감, 터치스크린은 성공하지 못한다."라며 지나치게 자신감을 보인 것이 내리막길을 걸은 이유라고 평가되고 있다.

2007년 스티브 잡스가 미국 라스베이거스에서 열린 맥 월드에서 한 손에 아이폰을 들고 이렇게 말했다.

"아이스하키 선수 웨인 그레츠키는 이런 말을 했다. '나는 아이스하키 퍽Puck이 어디에 있는지가 아니라 어디로 갈 것인지를 생각하고 경기한다.' 이것이 애플의 정신이다."

이후 불어온 스마트폰 열풍에 제대로 적응하지 못한 마이크로소프트, 노키아, 소니에릭슨, 모토로라, LG전자, 블랙베리는 최악의 시기를 맞았다.

이제 남은 것은 삼성과 중국기업 간의 일전이다. 삼성은 뛰어난 제품역량, 부품경쟁력, 브랜드 등을 바탕으로 당분간 시장점유율과 수익성을 유지할 것이다.

그러나 강력한 내수시장, 가격경쟁력을 갖춘 중국기업의 약진은 이미 시작되었다. 특히 화웨이, 비보, 오포, 샤오미 등은 중·고가 시장으로 입지를 넓혀 나가고 있다.

삼성이 지속적으로 혁신을 이룰 수 있는지가 관건이다. 분명한 것은 삼성이 주도하는 혁신이 없다면 스마트폰 시장에서 중국이 주도하는 범용화의 물결을 막아낼 방법이 없다는 사실이다.

1900년 이후 세계 100대 기업에 꼽힌 413개 기업 중 80%가 30

년 안에 사라지거나 인수·합병되었다. 미국에서도 지금까지 살아남은 회사는 GE, 포드, 월마트 정도다. 사진의 대명사로 불리웠던 코닥은 1970년대 디지털 카메라를 개발했지만 변화의 속도를 예측하지 못해 역사 속으로 사라졌다.

빛의 속도로 변하는 세상이다. 산업사회에서의 경영은 오너의 독자적인 생각, 경험, 느낌으로 의사결정을 했다면 IT시대에는 소통과 융합을 통한 종합적, 집단적 의사결정이 중요하다. 또한 IT시대의 새로운 아이디어 창출 방법은 강의, 독서, 관찰을 통하여 끊임없이 뇌를 자극하고, 조직 내의 소통을 통한 융합으로써 새로운 아이디어를 얻고 실천하는 것이다.

변화는 익숙함과 결별하는 것이다. 열등감을 해소하고 새로운 방법을 찾아가는 것이다. 치타와 독수리처럼 달리지도 날지도 못하는 인간의 열등감이 자동차와 비행기를 만들어냈다.

변화를 피해 가지는 못한다. 피해 가기보다는 주도적으로 나서는 것이 최선의 방법이다. 변화는 경쟁의 산물이다. 경쟁력이 있을 때 변화를 주도할 수 있다. 인간은 끊임없는 변화에 직면하면서 경쟁력을 통해 도전과 응전으로 역사를 만들어가는 것이다.

왜
인문학인가?

　농업시대 인류의 경제생활은 주로 의식주 해결에 그 목적이 있었다. 이 시대에 가장 중요한 경제활동의 수단은 인간의 노동력과 천연자원, 가축의 활용이었다. 한편 산업화 시대에는 농업이 그 지위를 잃어가면서 가축이나 인간의 노동력이 연장이나 기계로 대체되는 시대를 맞이했다.

　20세기 후반 지식정보 혁명이 일어나면서 인간의 선호도나 기호, 감성에 맞는 상품의 생산에 역점을 두는 지식시대가 열렸다. 이 시대에는 인문학에 바탕을 둔 상상력에 의한 창의력이 기업과 상품의 경쟁력을 높이는 데 결정적인 역할을 했다. 즉 인문학이 창조경제의 열쇠를 쥐고 있는 시대에 살고 있다. 지식시대에는 정보기술Information Technology-IT과 통신기술Communication Technology-CT의 합성어인 ICT, 즉 정보·통신기술 산업이 그 중심에 있다. 모든 산업의 경쟁력이 ICT산업과 얼마나 잘 융합하느냐에 달려 있다.

인문학Humanities은 인간에 관한 학문이다. 일반적으로 읽고, 생각하고, 대화하고 쓰는 것과 관련이 있는 학문이다. 문사철文史哲로 상징되는 문학, 역사, 철학은 인간다운 삶을 이루어가기 위해 필요한 능력을 함양시켜 준다. 이러한 능력이 결여되면 사회가 방향을 잃고 동물적 탐욕에 사로잡혀 맹목적 생명유지에 집착하는 야만사회가 될 것이다. 인문학은 국가경영의 중요한 지식이었고, 가난 속에서도 사람답게 살고 싶다는 열망은 우리를 여기까지 이끌어 준 힘이었다.

21세기 혁신 아이콘의 대명사인 애플의 스티브 잡스는 인문학의 중요성을 강조한 경영자 중 한 사람이다. 그는 "애플의 창의적 IT 제품은 기술과 인문학의 교차점에 서 있기 때문에 가능했다."고 말했다. 철학과 인문학이 기술을 만나 세계가 열광하는 최고의 제품 아이폰이 탄생하게 된 것이다.

인문학은 인간의 삶의 발자취에 대한 성찰이며 살맛 나는 세상을 만드는 동기가 된다. 또한 그는 자신의 상상력은 IT기술과 인문학의 결합에 기초한다고 말하면서 "소크라테스와 점심을 함께할 수 있다면 애플이 가진 모든 기술을 내놓겠다."라고도 했다.

인문학은 문학, 역사, 철학 등 인간에 대한 탐구를 통찰하는 것으로 사람에 대한 이해와 통찰력을 제공해 준다. 수백, 수천 년의 인류 역사를 통해 지혜의 보고로 내려오는 인문고전은 상상력과 무한한 창의력이 샘솟는 샘물과 같기에 동서고금을 통해 그 중요성이 강조되었다.

고 이병철 삼성그룹 창업주는 "내 모든 경영비법은 『논어』에서 나왔다."라고 했다. 마이크로소프트의 창업자 빌 게이츠는 "인문학이 없다면 나도 없고 컴퓨터도 없었을 것이다."라고 말했다. 인문학은 우리의 미래경쟁력과도 직결돼 있다.

21세기는 하드웨어가 아닌 콘텐츠의 시대다. 그것을 길러주는 것이 문사철文史哲이다. 우리의 미래는 또한 다양한 생각과 문화를 융합시켜야 하는 컨버전스Convergence 시대다. 제품과 서비스를 융합하고, 사람의 능력과 능력이 결합해야 하는 시대다.

한편 인류 역사를 보면 오랜 세월 동안 인간은 거의 변하지 않은 듯하다. 석가모니, 공자 그리고 플라톤이 인간의 사고와 행동에 대해 말한 내용은 예나 지금이나 대체로 다 맞는 말이다. 그래서 우리는 현재 일어나는 현상과 미래를 과거와 비슷한 사례에 비추어 해석할 때 귀중한 통찰력을 얻을 수 있다. 역사는 우리에게 새로운 안목을 열어주고 미래를 더 잘 이해할 수 있게 해준다.

작가 신봉승은 "인문학은 문사철 600권을 읽었을 때 가능하다."며 문학책 300권, 역사책 200권, 철학책 100권을 읽어야 한다고 강조했다. 인문학은 삶을 윤택하게 한다. 문文을 통해서 감성과 상상력의 세계를 열고, 사史로 통찰력과 지혜를 깨닫고, 철哲로써 올바른 가치관과 논리적 사고력을 지닐 수 있다. 이것이 우리가 문사철을 공부해야 하는 이유다.

2,500년 전 아테네 델포이 신전에는 이런 글귀가 쓰여 있었다. "이 세상 사람들은 자기가 모른다는 것을 모르고 있다. 그러나 단 한 사람 소크라테스는 자기가 모른다는 것을 알고 있다." 공자 역시 "아는 것은 안다 하고 모르는 것은 모른다고 하는 것이 바로 아는 것이다."라고 했다.

자기가 모른다는 것을 모르는 사람은 배우려 하지 않는다. 자기가 모른다는 것을 아는 사람은 배우려 한다. 4차 산업혁명 시대에도 경쟁력의 밑바탕에 인문학이 있다는 사실을 잊지 말아야 한다.

알파고가
몰고 온 충격

2016년 3월 세상을 뜨겁게 달궜던 것은 무엇보다도 이세돌 9단과 구글 인공지능 알파고AlphaGo의 세기적 대결이었다. 이번 대국에서 많은 사람들은 기계와 인간의 싸움에서 아직은 인간이 우수하다는 것을 확인하고 싶었을 것이다. 그러나 알파고가 대표하는 인공지능 AIArtificial Intelligence의 승리는 인간 대 기계의 구도에서 인간의 패배로 막을 내림으로써 인간의 자존감에 깊은 상처를 안겨주었다. 혹시 인공지능이 인간을 지배하게 되는 것이 아닌지에 대한 두려움도 느꼈을 것이다.

이번 대국에 앞서 구글의 에릭 슈미트 회장은 "이세돌 9단이 이기든 알파고가 이기든 모두 인류의 승리"라고 했다. 알파고가 궁극적으로 승리한다 해도 따져보면 컴퓨터가 이긴 것이 아니고 역시 컴퓨터 소프트웨어를 개발한 인간의 승리라는 의미다.

이번 이벤트를 계기로 우리 사회에서는 AI의 확대와 진화가 가져오게 될 변화에 대한 궁금증이 커졌다.

핵심은 노동하는 인간의 의미와 일자리의 미래에 대한 우려와 걱정으로 보인다. 로봇과 AI가 인간의 육체적 노동뿐 아니라 지적 능력까지 대신하면 인간은 미래에 무엇을 할 것인가.

인간 지능학자인 스탠퍼드 대학 제리 카플란 교수는 『인간은 필요 없다』에서 가까운 미래에 AI를 장착한 로봇에 의해 다양한 상품과 용역의 생산 서비스가 가능하고, 그러면 산업현장에서 인간은 필요 없는 존재가 될 것이라고 경고했다. 그 결과 노동시장에 거대한 변화가 불가피하며 대량실업이라는 쓰나미가 밀려올 것인데 인류는 이에 제대로 대비하지 못하고 있다는 것이다.

지금까지는 기계화나 자동화로 기계나 로봇이 부분적으로 인간의 육체노동을 대체해 오고 있지만 AI가 더 발전하게 되면 지식노동인 화이트칼라 직업인들의 일도 AI가 대체 가능할 것으로 예측된다. 대표적으로 의료서비스를 하는 의사, 변호사, 교수의 직무도 AI에 의해 상당부분 대체 가능하며 일부는 이미 사람보다 정교하게 잘할 수 있다고 한다.

그중 우리에게 가장 가까이 다가오고 있는 것이 헬스케어다. IBM의 슈퍼컴퓨터 왓슨Watson은 주요 병원들과 협업해 각종 암 치료에 활용되고 있다. IBM에 의하면 2012년부터 왓슨은 60만 건 이상의 진단서, 200만 페이지의 의료 전문서적, 150만 건의 환자

기록에 대한 지식을 습득했다.

미국 텍사스주 MD 앤드슨 암센터에서는 인공지능이 의사들이 진료할 때 객관적인 조언을 제공하는 역할을 하고 있다. 왓슨의 암 진단 정확성은 90%에 달하는 것으로 나타났다. 그리고 미국 5대 대학병원에서는 인공지능 시스템을 탑재한 로봇이 35만 건의 약 처방 조제를 하면서 단 한 차례의 실수도 없었다고 한다.

변호사도 마찬가지다. 법리 판례와 같은 방대한 문서를 검색해 관련 사례를 찾아주는 서비스를 제공한다. 특히 판례 중심의 영·미 법에서 적합한 판례를 찾아내서 적절하게 이용하는 것이 변호사의 능력이었다면 이젠 기술이 대체할 수 있을 것이다.

이런 의미에서 이미 4차 산업혁명이 시작되었다고 할 수 있다. 2016년 다보스에서 열린 세계경제포럼WEF에서 클라우스 슈밥 회장은 "우리는 새로운 기술시대에 살고 있다. 모든 것이 바뀔 것이다. 이것이 바로 4차 산업혁명이다."라고 하면서 미래 50년을 지배할 4차 산업혁명을 경고했다. 이런 뜻에서 본다면 이번 바둑대회에서 이세돌 9단을 꺾은 구글 알파고가 가져온 충격은 예고편에 불과한 것이다.

이제 인간은 일자리를 놓고 인공지능과도 경쟁해야 하는 시대에 직면했다. 하지만 앞서 너무 걱정할 필요는 없다. 혹시라도 인공지능이 인간을 지배하게 되는 것이 아닌가에 대한 두려움은 한낱 기우에 지나지 않는다고 전문가들은 말하고 있다. 아무리 인공지능으로 무장해도 현 수준에서 자동차가 자아의식을 가질 수 없듯이 컴퓨터가 자아의식이 없다면 스스로 욕망을 가질 수 없고, 욕망이 없으면 인간을 지배하려는 꿈조차 꿀 수 없다. 그래서 컴퓨터가 인간을 지배하게 되는 것이 아닌가 하는 걱정은 지금은 기우다.

제리 카플란 교수는 "알파고가 이세돌보다 바둑을 잘 둔다 해서 기계가 인간을 넘었다고 평가하는 것은 잘못되었다."고 강조했다. "로봇이 지적 노동자의 일을 대체하는 것 역시 인공지능 발달에 따른 자동화의 일부로 보는 데 그쳐야 한다. 로봇이 인간보다 업무를 효율적으로 잘하는 기계일 뿐 인간을 뛰어넘거나 지배하는 존재는 아니다."라고 말했다.

결국 모든 것은 사람이 결정한다. AI는 강력한 도구지만 사용하는 주체는 인간이다. 전쟁이나 범죄에 사용하면 재앙이 되고 농업이나 생산에 활용하면 희망이 될 수 있다. 인공지능이 분석하고 예측하고 해법을 제의하지만 책임이 따르는 최후 결정은 인간이 할 수밖에 없다. 인공지능을 개발하는 것도 인간의 영역이다. 인공지능을 공상과학 영화의 괴물처럼 두려워할 일이 아니다. 인공지능은 부지런하고 똑똑한 비서에 가깝다.

알파고가 한국의 천재기사 이세돌을 찾아와 제4의 산업혁명 시대의 도래를 깨우쳐 준 것은 우리에게 축복이다.

디지털 시대,
독서가 경쟁력이다

 책은 사람의 인격 형성에 많은 영향을 준다. 한 권의 책이 한 인간의 생애를 바꿀 수도 있고 인생관 형성에 크게 도움을 주기도 한다. 양서를 읽는다는 것은 과거의 위대한 인물들과 대화를 나누는 것과 같다. 인간의 정신세계가 만들어 낸 것 중에서 가장 위대한 발명품이 책이라고 하지 않는가. 남의 물건을 내 것으로 만들면 도둑이 되지만, 남의 지혜를 내 것으로 만들면 위대한 선각자가 된다. 좋은 책에서 좋은 향기가 나듯이 좋은 책을 읽는 사람에게서는 좋은 향기가 난다.

 헨리 키신저는 그의 회고록에서 아버지가 어렸을 때부터 "하루 네 끼를 먹으라."고 입버릇처럼 강조했다고 한다. 여기서 네 끼는 밥 세 끼와 책 한 끼를 말한다. 책은 마음의 양식이기에 책을 읽지 않으면 마음이 메마르기 때문이다.

 오늘날 우리 사회가 이렇게 화합하지 못하고, 복잡한 사회문제가 계속 생기는 것도 결국 하루 밥 세 끼만 먹기 때문은 아닐까 생각해 본다.

현대인은 디지털 시대에 살고 있다. 특히 우리나라는 세계 1위의 스마트폰 보급률, 세계 최고 속도의 무선데이터 서비스를 자랑한다. 그러나 이러한 인터넷, 정보기술, IT기기 등의 괄목할 만한 성장과는 반대로 우리의 독서량은 갈수록 줄어들고 있다. 1994년 86.8%였던 성인 독서율은 2012년 66.8%로 떨어졌다. 유럽 선진국의 평균 독서율 82%에 비하면 크게 차이가 난다. 10명 중 3명은 1년 내내 단 1권의 책도 읽지 않는다는 것이다.

디지털 시대에 맞는 스마트한 책 읽기를 습관화해 나간다면 언제 어디서든 책을 볼 수 있고, 수십 수백 권을 가지고 다니면서 볼 수 있다. 그리고 다양한 기기를 통해 책을 읽을 수 있다. 컴퓨터, 스마트폰, 태블릿PC, 전자책 전용단말기 등 여러 가지 기기로 전자책을 읽을 수 있다.

한국의 서점 수는 1994년 5,600개에서 2015년 말 기준 1,500여 개로 대폭 줄었고, 하루에 한 개꼴로 폐업하고 있는 실정이다. 아날로그는 무조건 낡고 뒤떨어진 것이 아니다. 종이책이 상징하는 아날로그에는 우리의 정서와 감성을 자극하는 뭔가가 있다. 심지어 "종이책은 절대로 사라지면 안 된다. 애들이 좋아하는 휴대폰이 책을 대신할 수 없다."고 주장하는 사람도 있다.

공병호 경영연구소장도 새로운 아이디어는 스마트폰이나 인터넷에서는 나오지 않는다면서 "근육을 키우고 건강을 유지하기 위해 헬스클럽에 다니듯 미래를 내다보려면 읽기에 투자해야 한다."라고 말했다. 그는 또한 "요즘 기업에 강연을 나가보면 비용을 줄이기 위해 종이신문 대신 인터넷으로 보라는 곳이 있습니다. 위험한 생각이에요. 인터넷과 종이는 뇌에 입력되는 방법이 다릅니다."라고 덧붙였다.

  인터넷과 SNS, 전자책으로 대별되는 디지털 만능시대가 과연 종이책을 대체할 수 있을까. 그 해답은 첨단 산업의 중심지 교육현장에서 찾을 수 있다.

  첨단 기술의 본고장인 미국 실리콘밸리의 학교에는 구글, 야후, 애플 등 정보기술 IT기업 전문 종사자들의 자녀들이 다니지만 교내에서는 컴퓨터나, PC, TV 등 전자기기 교보재教補材, 즉 교육 훈련을 위한 보조 재료는 일체 사용하지 않는다고 한다. 이는 창의력과 인간관계, 집중력 등에 좋지 않기 때문이다. 연필과 공책, 칠판과 분필, 뜨개질 도구 등 아날로그 도구들을 교보재로 활용한다.

  컴퓨터 황제 빌 게이츠도 매일 새벽 3시에 기상해 2~3시간의 독서를 한다며 독서의 중요성을 강조하고 있다. 독서는 습관이다. 학부모들이면 한 번쯤 자녀들의 잦은 PC사용 문제로 걱정한 경험이 있을 것이다. 치료가 필요한 인터넷 중독 학생이 6만 명에 이르는 우리 현실을 고려하면 독서 습관화를 통한 비행 예방이 훨씬 경제적이라는 생각이 든다.

전문가들은 종이책과 종이 신문은 종합적이고 깊이 있는 사고를 길러주는 반면 인터넷이나 스마트폰은 그렇지 못하다고 말한다. 인터넷이 아무리 편리하고 많은 정보를 준다 해도 체계적 사고력을 요구하는 독서를 대체할 수 없다. 어느 사회를 보더라도 그 사회를 이끄는 리더나 지식인은 종이책, 활자 매체를 가까이했다는 것을 잊어서는 안 된다.

요즘 지하철을 타보면 스마트폰에 집중하고 있는 사람이 대부분이다. 종이책이나 신문을 읽는 많은 사람들이 거의 사라졌다. 이런 것을 보면 세상은 점점 스마트해지는데 정작 사람들은 점점 덜 스마트해지는 것 같다. 스마트폰 없이는 간단한 전화번호도 기억하지 못하고, 내비게이션이 없이는 여행을 떠날 엄두도 못 내는 세상이 되었다.

미래의 먹거리는 창의력과 상상력에서 나오고 그 출발점은 독서라는 것을 아무리 강조해도 지나치지 않다. 21세기 지식기반 사회에서는 책 읽는 국민만이 살아남을 수 있다. 독서가 경쟁력의 초석이라는 사실을 명심할 필요가 있다. 또한 읽기가 리더를 만드는 시대다. 더 늦기 전에 열심히 읽고 쓰는 사람으로 거듭나야 한다. 국민소득 3만 달러 시대가 와도 독서가 없다면 우리나라는 여전히 선진국 대열에 낄 수 없을 것이다.

19세기 영국의 시인 로버트 브라우닝의 〈인생〉이란 시를 감상하면서 독서의 중요성도 함께 음미해 보자.

읽는 시간을 따로 떼어두어라
그것은 지혜의 샘이기 때문이다
웃는 시간은 따로 떼어두어라
그것은 영혼의 음악이기 때문이다
사랑하는 시간을 따로 떼어두어라
그것은 우리의 삶이 너무 짧기 때문이다

4차 산업혁명은
시작되었다

2016년 7월 말 강원도 평창 알펜시아에서 하계 포럼이 열렸다. 전국경제인연합회가 주관한 최고경영자 포럼에 약 400여 명이 모였다. 핵심 주제는 역시 세계 경제가 주목하고 있는 '4차 산업혁명'이었다.

2016년 초 스위스 다보스포럼에서 주제로 삼은 4차 산업혁명은 날이 갈수록 전 세계적으로 확산되어 우리 앞에 바싹 다가선 느낌이다. 이제 4차 산업혁명은 먼 미래의 이야기가 아니라 바로 나의 일이고 내 이웃에 미칠 현실적인 문제다.

미국의 차세대 혁신전문가 알렉 로스는 『미래산업보고서』에서 앞으로 10년 내에 그 충격파가 우리를 덮칠 가능성이 크다고 예측했다. 빅데이터, 인공지능 AI, 사물인터넷 IoT, 로봇공학이 미래를 주도하는 고성장 산업으로 실용화되기 때문이다.

허창수 전경련 회장은 "한국은 1970~80년대 산업화시대에 선진국을 쫓아가는 추격자였으나, 2000년대 초반에 글로벌 정보화 혁명을 이끈 경험이 있다."며 "한국이 사물인터넷, 스마트폰, 인공지능으로 대표되는 산업혁명 시대에 발 빠르게 대응한다면 경제 재도약을 이룰 수 있다."라고 강조했다.

이번 포럼에서 강성욱 GE코리아 대표, 켈빈 딩 중국 화웨이 한국대표 그리고 이나바 요시하루 일본 화낙FANUC 회장이 주제 발표를 했다.

GE는 디지털 산업에 앞장서 138년 이상 끊임없는 혁신을 통해 지속적인 성장을 이어온 장수 기업이다. 2000년대에 가장 성공적인 기업혁신 사례로 꼽힌다. 세계 175개국에 30여만 명의 직원을 가진 복합제조 기업이다. GE는 "1등, 2등 하는 산업 외에는 모두 폐쇄하라."는 압축 구조조정을 시작해서 71개의 사업을 정리하면서 2020년까지 세계 10대 소프트웨어 업체가 되겠다는 선언을 했다.

한편 GE는 빅데이터를 기반으로 공장설비의 고장과 돌발사태를 예방하고 제품에 빅데이터를 접목해 새로운 부가가치를 창출하고 있다. 또한 세계 항공기 엔진의 60%를 생산하고 있으며 공중에 떠 있는 모든 항공기 엔진에 센서를 부착하고 운항정보, 연료소모 상태, 엔진 상태 등의 자료를 실시간으로 미국의 데이터 센터Data Center로 보내서 문제 발생을 사전에 인지하고 서비스를 제공한다.

GE의 제프리 이멜트 회장은 "지금과 같은 저성장 시대에는 아무것도 안 하는 게 가장 큰 리스크Risk입니다. 혁신은 리스크를 감수하는 것이며 이는 언젠가는 보상으로 돌아옵니다."라고 말했다.

　4차 산업에서는 모든 사물이 정보통신 기술과 융합되고, 정보는 빅데이터로 분석된다. 제조업체들은 빅데이터와 사물인터넷 IoT, 인공지능 AI 등 ICT 신기술을 공장자동화에 접목해 생산성을 끌어올린다. 이미 전통 제조업이 지배하던 굴뚝시대의 공장은 스마트 공장으로 탈바꿈하고 있다. 생산설비 스스로 작업방식을 결정하는 '셀프컨트롤 팩토리Self Control Factory'까지 나오기 시작했다. 이처럼 미국, 독일, 중국 등 전 세계는 제4차 산업혁명 선점을 위해 국가는 국가대로, 기업은 기업대로 피 말리는 경쟁을 벌이고 있다.

　서병조 한국정보화진흥위원장은 "세계가 경제 4차 산업혁명의 거대한 물결 속에서 혁신 경쟁이 가속화되면서 '죽느냐, 사느냐'의 서바이벌 게임을 벌이고 있다."며 "이번이 마지막 기회로 이 파도를 잘 타고 넘어가지 않으면 생존이 어렵다."라고 강조했다.

　포럼에서 일본 화낙의 이나바 요시하루 회장의 강의에 이목이 집중되었다. 화낙은 세계 산업용 로봇 1위 기업으로 자국 내에서만 38개 공장을 운영하고, 해외에는 공장이 한 곳도 없다. 산업용 로봇 전문회사인 만큼 자국 내 공장도 거의 자동화되어 있다.

　화낙에서 일하는 임직원 수는 1,500여 명으로 산업용 로봇 일꾼 3,000개의 절반밖에 안 된다. 그는 "일본처럼 임금이 비싼 나라에서 제조업이 생존하려면 자동화밖에 없다."고 했다. 그리고 덧붙였다. "자동화가 이루어지지 않았다면 일본 내에서는 한 공장을 운영하는 것도 불가능했을 것이다."

일본의 다른 업체와 달리 값싼 노동력을 찾아 해외 이전을 하지 않은 덕분에 1,500여 명의 일자리를 지켜냈다는 이야기도 된다.

새로운 기업을 창업하는 것은 누구도 가지 않은 길을 새로이 만들며 가야 하는 고통스러운 일이며 세상을 바꾸는 사람은 이런 모험적인 기업가들이다. 기업을 사랑하고 기업가를 존경해야 나라가 융성하게 되는 이유다.

포럼을 마치면서 서정진 셀트리온 회장은 "현재를 보는 사람은 장사꾼이고 미래를 보는 사람은 기업가다."라고 말하면서 "다음 세대의 먹거리를 위하여 나무를 심겠다."고 강조했다. 그의 말이 귓전을 맴돈다.

PART 2

변화만이
살길이다

히든
챔피언

스포츠, 예능, 비즈니스 등 사회생활에서 누구나 챔피언이 되기 원한다. 그러나 챔피언은 그냥 만들어지지 않는다. 챔피언이 되기 위해서는 끊임없이 도전해야 한다. 꿈과 열정도 필요하다. 해당 분야에서 실력이 가장 뛰어난 사람이라야 챔피언이란 호칭이 주어지는 것이다.

기업에 있어서도 챔피언이 된다는 것은 그리 쉬운 일이 아니다. 경영학계의 새로운 화두가 된 '히든 챔피언Hidden Champion'은 유럽의 피터 드러커로 불리는 헤르만 지몬의 저서 『Hidden Champion』에서 나온 말이다. 독일이 낳은 세계적인 경영학자인 지몬 교수는 무려 20년 동안 숨어있는 초우량 기업들의 속내를 집요하게 파고들었다. 그리고 그동안의 방대한 연구 성과를 세상에 내놓았다.

히든 챔피언은 세계 시장점유율 1~3위 기업으로, 소속 대륙 1위, 매출액 40억 달러 이하 그리고 대중에게 잘 알려지지 않은 기업으로서, 특정 사업 분야에서 혁신을 통한 독보적 기술을 보유하고 세계시장에 진출해 성공한 기업들을 말한다. 세계 2,000여 개의 히든 챔피언 중에 독일이 1,300여 개, 미국이 300개, 일본이 100개, 한국이 23개 정도다.

히든 챔피언의 성공 비결은 집중화Focus와 세계화Globalization 전략이다. 지몬 교수는 미국 GDP의 5분의 1에 불과한 독일이 세계 1위 수출국 지위를 연속적으로 지켜온 원동력은 1,300여 개의 히든 챔피언이 세계시장에서 1~3위를 지켜온 덕분이라고 분석했다.

히든 챔피언의 공통점은 집중과 세계시장 장악력이 두드러진다는 것이다. 독일은 히든 챔피언뿐만 아니라 150년 이상 된 장수기업도 1,000여 개에 이른다. 이들은 가족기업 형태를 유지하고, 가족들이 지분을 나눠 갖고 경영을 맡는 방식이다. 가족기업은 독일 기업 전체 매출의 41.5%, 고용의 57.3%를 차지한다. 독일에 히든 챔피언이 유독 많은 이유 중 하나는 치열한 경쟁이다. 창의성이 강하고 한 가지 분야에 집중하고 자기 인생을 오롯이 바치는 사람들이 많다는 점이다.

하버드 대학 마이클 포터 교수는 국내경쟁이 치열할수록 해당 기업의 국제경쟁력이 올라간다고 했다. 독일은 많은 분야에서 국내기업 간 치열한 경쟁을 벌이며 경쟁자들이 같은 지역에 집중된 클러스터를 형성한다. 따라서 상당수 기업이 세계적인 경쟁력을 갖추게 되었다.

또한 독일 국민의 국제적 마인드도 빼놓을 수 없다. 독일인 56%

가 영어를 구사하며, 세계에서 해외여행을 가장 많이 떠나는 국민 중 하나다. 이처럼 독일에 히든 챔피언이 많은 이유는 여러 가지 역사, 경제, 문화적 요인이 복합적으로 작용한 결과다.

독일의 히든 챔피언과 비교되는 나라는 유럽에 있어 핀란드의 노키아Nokia와 한국의 대기업 위주의 경제성장이다. 휴대폰 왕국이라는 자부심으로 가득 찼던 노키아는 한때 핀란드 GDP의 25%, 수출의 20%, R&D의 30%, 법인세 23%를 차지하며, 핀란드 경제의 3분의 1을 떠안았던 국민기업으로서 핀란드 경제를 끌고 가는 보석 같은 존재였다. 그러던 노키아는 2007년 애플의 아이폰과 삼성의 스마트폰 등장 이후 속절없이 추락했다. 약 7년 가까이 생존의 몸부림을 치다가 2013년 9월 마이크로소프트에 넘어갔다. 노키아의 매각은 핀란드 국민에게는 엄청난 충격이었다. 핀란드인은 더 이상 노키아를 바라볼 수 없게 되었다.

그 이후 지금 핀란드 경제를 수렁에서 구한 것은 벤처창업이다. 노키아라는 거목이 쓰러진 현장에 파릇파릇 새싹이 돋아나고 있는 것이다. 노키아를 떠난 2만 명의 정보기술 IT인재들 상당수가 창업의 길을 선택해 300여 개의 벤처기업을 만들어 냈다. 노키아는 퇴직자의 창업을 적극 도왔다. 특허도 무료로 사용할 수 있게 했다.

정부도 남아 있는 규제를 과감히 걷어내는 동시에 직접 벤처캐피털을 조성했다. 매년 아이디어와 기술을 가진 3,500여 명을 지원했다.

그 결과 세계적인 스마트폰 게임인 앵그리버드를 개발한 로비오

Rovio 같은 기업이 탄생한 것이다. 핀란드는 이제 전화위복의 기회를 잡고 있다. 월 스트리트 저널은 "노키아의 손실이 핀란드의 이익이 되고 있다."라고 의미를 부여했다.

독일의 히든 챔피언과 핀란드의 노키아의 사례는 우리 기업에게 의미 있는 메시지를 주고 있다.

우리나라는 강소기업이 그다지 많지 않다. 국내기업 중 99%가 중소기업이고 이들의 일자리 창출이 88%에 달하고 있다. 수출에 있어서도 대기업이 3분의 2 이상을 차지하는 대기업 편향적 경제 구조다.

2012년 삼성과 현대차 그룹이 GDP의 약 35%를 차지했고, 증시의 시가총액도 전체 상장사 1,743개 시가총액의 34.9%에 달했다. 두 그룹의 쏠림현상이 갈수록 심화되고 있다.

한국 경제가 건강해지기 위해서는 두 그룹뿐 아니라 중소, 중견 기업들이 더욱 활성화되어야 한다. 제2의 삼성전자, 제2의 현대차를 더 많이 키워내야 한다. 그것이 성장을 통해 전체적 균형을 이루고 고용을 늘리면서 모두가 사는 길이다.

미국 MIT의 대런 애쓰모글루 교수는 "한국이 성장하려면 삼성과 같은 기업이 10개는 더 있어야 한다."라고 했다. IT, 금융, 문화, 의료, 바이오 등의 분야에서 삼성전자 같은 글로벌 챔피언이 줄줄이 계속 나와야 한다.

경영과 예술과 학문은 공통성이 있다. 남의 것을 모방해서는 절대 일류가 될 수 없다는 사실이다. 초일류가 되기 위한 길이 꼭 하나만 있는 것은 아니다. 히든 챔피언들은 자기 스스로의 길을 밝혀나가고, 그 길을 꾸준히 힘차게 걷고 있다. 세계적인 경영 대가들이 말하는 노하우를 열심히 배우고 연구해서 우리에게 맞는 모델을 우리가 발견하지 않으면 안 된다.

장수기업의
비밀

모든 기업인들은 기업이 오래도록 생존하기를 바란다. 그러나 현
실적으로 쉬운 일은 아니다. 세상이 하루가 다르게 급변하고 있기
때문이다. 정보통신기술ICT 혁명으로 인한 기술발전과 환경변화 그
리고 글로벌화가 기업의 수명을 단축시키고 있다.

세계 기업들 평균수명은 15년에 불과하고 30년이 지나면 80%가
사라진다고 한다. 위기는 기업의 변수가 아니라 상수常數가 되었다.
위기에 어떻게 대응하느냐가 더 중요하다. 위기가 없으면 혁신도,
도전도, 창조도 없다.

한국은행이 2008년에 41개국을 대상으로 조사한 200년 이상
된 기업은 5,586개사에 이르는 것으로 나타났다. 그중 일본기업이
3,146개, 독일 837개, 네덜란드 222개, 프랑스 196개 등이다. 일
본기업이 50% 이상을 차지하고 있다. 국내에 100년 이상 된 기업

은 두산(1896년)과 동화약품(1897년) 두 곳만 올랐다.

기업이 장수하는 데는 정형화된 공식은 없다. 어느 기업은 한 우물 파서 잘되는가 하면, 어떤 기업은 하던 일을 버리고 끊임없는 변화를 통해 살아남는 기업도 있다.

한 우물을 파서 오래 생존한 기업은 1,428년간 생존했던 세계 최고最古 기업인 일본의 곤고구미金剛組가 대표적이다. 한반도에서 건너간 백제인 유중광 가문이 578년에 창업한 곤고구미는 사원 건축에 매진해 15세기를 생존했다. 하지만 2006년 부채 누적으로 도산했다. 곤고구미 역시 시대변화의 물결에 무릎을 꿇은 셈이다.

모든 기업인들은 장수기업인 GE, 듀퐁, 지멘스 같이 100년 넘게 글로벌 산업계를 호령하는 기업이 되기를 소망한다. 모두가 "수성이 창업보다 어렵다."라고 말하면서 영속하는 기업이 되려고 애쓰지만 50년 넘게 생존하는 기업이 의외로 많지 않다.

1987년 미국 경제 잡지 포브스는 1917년 미국경제를 이끌었던 100대 기업을 추적, 조사했다. 그때까지 생존한 기업은 39개에 불과했고, 그 가운데 100대 기업의 위상을 지킨 곳은 18개에 불과했다. 특히 시장 지위가 70년 전보다 개선된 기업은 GE와 코닥뿐이었다. 지금은 코닥이 도산하였으니 결국 1%만이 100년 동안 꾸준히 성장한 셈이다.

세계적 석학이자 경영의 구루Guru인 짐 콜린스는 『위대한 기업은 다 어디로 갔을까』라는 책을 통해 강한 기업이 몰락하는 5단계를 설명했다. 조금씩 싹트는 자만심, 원칙 없는 욕심, 위기에 대한 부정, 허황된 구원자 찾기, 사라진 희망의 단계를 거친다는 것이다.

　장수기업의 조건은 '끊임없이 변화하는 능력'이다. 혁신적인 제품을 끊임없이 개발해야 하고 소비 트렌드와 기술 변화에 맞춰 새로 열리는 시장을 개척해야 한다. 한 우물을 파더라도 진화하지 않으면 안 된다.

　1889년 설립된 일본의 닌텐도는 가정용 게임기를 만들어 폭발적 성장세를 구가하였다. 하지만 2010년을 고비로 스마트폰에 밀리면서 연간 6조 원의 이익을 내던 기업이 적자기업으로 떨어졌다. 이처럼 몰락의 길을 걷던 닌텐도는 2017년 혁신에 성공하여 다시 부활함으로써 존재감을 보여주고 있다.

　미국 GE는 발명왕 토마스 에디슨이 1878년 설립한 회사로 기업 이름은 그대로이지만 내용을 들여다보면 많은 변화가 있었다. 전기조명 회사에서 수처리, 엔진, 헬스케어처럼 다각화를 통해 끊임없이 확장했다. 그러나 안 되는 사업은 과감하게 버렸다. 그 덕분에 1896년 다우존스산업지수 출범 당시 포함된 기업 중 현재까지 유일하게 남아 있었으나 이런 GE도 혁신에 실패해서 2018년 111년 만에 다우지수에서 퇴출되는 불운을 맞았다.

　오래된 글로벌 기업의 대명사 듀퐁 역시 주력사업이 끊임없이 변화했다. 듀퐁은 1802년 설립 당시 화학제조 업체였지만 지금은 생명공학, 식량산업을 핵심 성장동력으로 삼고 있다. 이같이 변화했기 때문에 200년 넘게 장수할 수 있었다. 찰스 홀리데이 전 회장은 "변화를 시도하면 60~70% 확률로 살아남지만 변화를 시도하지 않으면 100% 죽는다."라고 강조했다.

　국내 장수기업도 다르지 않다. 올해 119년을 이어온 우리나라 최장수 기업 두산은 화장품 제조회사로 출발해 지금은 세계적인 중공업 회사가 됐다. 외환위기 전만 하더라도 두산의 간판사업은 맥주였다. OB맥주를 기반으로 소주 '처음처럼' 사업에 뛰어들었으나 중장비, 인프라 지원 사업에 집중하기 위해 주류사업에서 손을 뗐다.

　그 외 장수기업들은 우수한 인재를 끊임없이 보유하는 데 힘쓰고 있다. 기업성장과 장수는 결국 우수한 인재 확보를 통해 가능해진다. 스타벅스 슐츠 회장은 임원들에게 "당신보다 똑똑한 사람을 뽑는 게 인적자원 관리의 핵심"이라고 말했다.

　최근 삼성전자가 중국에서 샤오미, 레노버에 잇따라 쫓기는 것은 혁신적인 제품을 내놓지 못하기 때문이라는 분석이 지배적이다. 이 점에서 세계적인 경영구루 피터 드러커가 "미래를 예측하는 가장 좋은 방법은 미래를 만드는 것"이라고 말한 이유를 되새겨 볼 필요가 있다. 혁신과 시장개척 없이는 미래가 없다는 이야기다.

　ICT산업의 총아인 구글, 애플, 마이크로소프트가 초국가적 기업이 된 것도 연구·개발R&D 및 인수·합병M&A을 통해 끊임없이 혁신기술을 흡수해 성장한 덕분이다. 스탠퍼드 대학교 짐 콜린스 교수는 "혁신사업을 세계 최고로 만들어야 위대한 기업이 된다."라고 역설했다.

변화는 숙명,
창의력이 답이다

　아프리카 초원에 사는 치타는 육상동물 중 가장 빠른 동물이다. 그러나 치타의 주요 사냥감인 영양도 발이 빨라 먹이 구하기가 쉽지 않다. 치타가 굶어 죽지 않기 위해 점점 더 빨리 달릴 수 있도록 진화해 온 만큼 영양도 잡아먹히지 않기 위해 더 잘 도망칠 수 있도록 진화해 왔기 때문이다.

　제자리를 지키기 위해 젖 먹던 힘을 다해 뛰어야 하고 살아남기 위해 끊임없이 변해야 하는 것은 동물의 세계에서만의 일이 아니다. 생존을 위해 뛰어야 하는 것은 개인이나 기업이나 국가도 마찬가지다. 항상 쫓기듯 살아야 하는 것이 인간을 포함한 동물의 숙명인 셈이다.

　21세기 초경쟁Hypercompetition 시대에 변화하는 환경에 적응하지 못하고 제자리에 머물러 있다가 사라진 기업들이 수도 없이 많다.

20세기 자동차산업의 전설이었던 GM은 2007년 세계 1위 기업으로 주가가 250달러였으니 2008년 1달러로 떨어져 2009년 파산했고, 도요타 자동차는 창업 80년 만에 유럽·미국 기업을 추월하여 품질·가격 면에서 세계 1위에 올랐다가 1년 만에 위기 국면에 직면하기도 했다.

　1998년 바이오산업 세계 1위였던 몬산토는 1999년에 파산했고, 2000년 초까지 세계 10대 존경받는 기업에 항상 포함되었던 140년 역사의 코닥은 필름사업에만 집착하다가 2012년에 파산했다. 1990년 초에 휴대전화기 시장 70%를 차지하던 모토로라는 2012년 구글에 인수되었다가 2014년에 다시 레노버에 매각되었다.

　연세대 신동엽 교수는 "이러한 현상은 당시 발생한 금융위기 때문이 아니라 구시대적인 경영 패러다임이 새로운 패러다임으로 대체되면서 시대착오적인 경영 패러다임을 가진 기업이 몰락한 것"이라고 말했다.

　조직 이론의 석학인 스탠퍼드 대학 제임스 마치 교수는 "위기는 약점에서 오는 것이 아니라 강점에서 온다."라고 했다. 그것을 "성공의 덫Success Trap"이라고 정의했다. 개인, 기업, 국가 할 것 없이 한때 높은 성과를 창출했던 집단의 몰락은 대부분 성공의 덫이 원인이다. 대량생산으로 세계를 제패했던 GM이 대량생산에 따른 품질문제로 위기에 빠졌고, 필름기술 발명으로 세계 필름시장을 지배했던 코닥은 디지털 카메라의 등장으로 무너졌다. 원가절감의 신으로 불리던 도요타가 한때 과도한 원가절감에 따른 품질불량으로 흔들렸던 것도 성공의 덫 때문이었다.

　기업의 CEO나 정치인들도 성공적인 성과창출의 기반이 되었던 리더십 스타일을 전혀 다른 직책을 맡아서도 똑같이 반복하다가 좌절하는 수가 많다. 성공의 덫, 성공한 사람들의 천적이 아닐 수 없다.

　20세기의 대량생산, 대량소비, 규모의 경제, 선택과 집중은 21세기 초경쟁 시대에는 성공 방정식이 모두 바뀌고 있어 더 이상은 통하지 않게 되었다. 과거에는 워크 하드Work hard 하면 됐지만 지금은 새로운 게임 룰에 맞추어 워크 스마트Work smart가 중요해졌다.

　글로벌 초경쟁 시대에는 세계화, 기술혁신 그리고 인터넷 중심의 지식경제 시대가 도래했다. 국가 간, 산업 간 경계가 허물어지고 전 세계가 하나의 완전경쟁 시장으로 급변하고 있다. 나의 경쟁자가 언제, 어디서, 어떤 모양으로 나타날지 예측하기가 힘든 세상이 됐다.

　예컨대 나이키 신발의 경쟁자가 닌텐도 게임기가 되고 닌텐도의 경쟁자가 스마트폰이 되듯 산업 간의 경계가 파괴되고 있다.

　닌텐도는 비즈니스 위크가 선정한 세계 유망기업 1위(2008년) 도요타에 이어 일본 제조업체 중 시가총액 2위로 부상했다(2007년). 게임기 하나로 무수한 성공신화를 만들었던 기업이었지만 게임 콘텐츠를 장착한 애플과 구글 등 스마트폰 업체의 대약진에 밀려 최대 위기 국면에 직면했다. 그러나 뼈를 깎는 혁신을 통해 다시 부활하여 주목을 받고 있으니 끊임없는 변화만이 기업의 살길임을 행동으로 증명해 보이고 있는 셈이다.

디지털 혁명은 융·복합 기술과 문화를 탄생시켰다. 또한 인터넷으로 무한대의 정보를 무한대의 사람과 시공의 제약 없이 교환할 수 있게 됨으로써 정보와 아이디어, 지식이 경쟁력의 기반이 되는 지식경제 시대가 되었다.

한때 일본을 다녀온 이건희 삼성그룹 회장은 "세상이 빨리 바뀌니까 10년 후, 20년 후가 어떻게 될지 상상을 못 할 지경"이라며, "일본에서 학교 동창, 교수, 사업가들을 만났는데 그 사람들도 앞으로 어떻게 될 거냐에 대해 아무도 확신을 갖지 못했다."라고 말했다. 그리고 "세상의 변화속도가 워낙 빠르다."라고 덧붙였다.

세상은 기술시대에서 지식시대로, 지식시대에서 창의성 기반 시대로 전개되고 있다. 산업사회의 지각변동을 야기한 주요 원인은 경제적인 측면에서는 세계화를, 기술적인 측면에서는 디지털화를 꼽을 수 있다. 디지털 혁명은 기술사회와 지식사회의 지각변동을 일으켜 창의성 기반 시대로 옮겨가도록 하는 중심적 역할을 했다.

직장의 화두 역시 시대변화에 따라 바뀌고 있다. 산업화 시대에는 '열심히 일하기'였으나 지식정보 사회에서는 '스마트하게 일하기'로 바뀌었다. 그러나 이것으로도 부족하다. 이제는 '열심히 생각하기', 즉 '싱크 하드Think hard'로 바뀌지 않으면 안 된다.

창조는 목적이 아니라 수단이며 생각하는 습관에서 나온다. 행동을 반복하면 습관으로 길러지기 때문에 창조적 습관 또한 충분히 스스로 노력해서 만들 수 있다.

창조력 없이는 더 이상 고부가가치를 창출하기 어렵다. 시시각각 변하는 미래에 기업들이 요구하는 인재도 시키는 대로 열심히 움직이는 사람이 아니라 자신의 영혼을 갖고 창조하는 사람이다.

패배보다
승리 때문에 파멸한다

등산하는 사람들로부터 자주 듣는 이야기가 있다. 산을 오를 때보다 내려올 때가 더 위험하다는 것이다. 산을 올라갈 때는 신발끈을 느슨하게, 내려올 때는 단단히 매야 한다. 올라갈 때 너무 꽉매면 발목이 아프고, 내려올 때 잘 조이지 않아 헐거우면 넘어지기 쉽다. 위로 향할 때와 정상에서 내려올 때엔 이렇게 신발 신는방법부터 달라야 한다. 환경과 방향이 바뀐 것을 무시한 채 올라올때 방식만을 고집하면 내려올 때는 미끄러지기 십상이다.

역사학자 토인비는 성공에 취해 자신의 능력과 방법을 과신하는것을 '휴브리스Hubris(오만)'라고 불렀다. 많은 영웅들의 돌이킬 수 없는 실수와 추락은 이 휴브리스 탓이었다는 것이다.

토인비는 역사가 '창조적 소수Creative minority'에 의해 바뀌지만, 일단 역사를 바꾸는 데 성공한 창조적 소수는 과거에 일을 성사시킨 능력이나 방법을 지나치게 믿어 우상화하는 오류를 범하기 쉽다고 보았다. 개인이나 기업에 있어서도 자신의 과거 경험이나 능력을 절대적 진리로 믿고, 주변 사람의 생각이나 세상 변화에 상관없이 과거의 방식만 고집하는 경우가 많다.

뉴욕의 한 병원에서 입원했던 6,500명의 환자 기록과 이들을 무작위로 배정받아 담당했던 주치의 69명의 경력을 대조해 보았다. 경력 20년이 넘는 숙련된 의사에게서 진료 받은 환자들이, 5년 이하의 신참 의사에게서 진료 받은 환자에 비해 병원 내 사망률이 70% 더 높은 것으로 나타났다. 연구팀은 그 이유가 최신 의료기술을 민감하게 수용하지 않아서 생긴 것으로 판단해, 경력 20년 이상의 의사들은 정기적으로 면허를 갱신하도록 하는 방안을 제시했다.

과거의 성공이 미래를 보장해 주지 않는다. 결국 휴브리스에 빠지지 않고 얼마나 빨리 과거의 성공을 잊어버리고 새로운 시도를 하느냐가 미래를 결정한다.

"누구나 세상을 바꾸고 싶어 하지만 아무도 자신을 바꾸려 하지 않는다."라는 톨스토이의 말이 더 큰 울림으로 다가온다.

세상에 영원한 강자는 없다. 기업의 세계도 마찬가지다. 한순간의 방심과 실수가 치명적 결과로 이어지는 기업 경영에서 절대 강자란 존재하지 않는다.

"모든 성공은 최면이요 마약이다."라는 말처럼 지금 이루어 낸 성공이 언제든 반복될 수 있고 어디서든 통할 것만 같다. 그러나 경쟁이 있는 사회에서 그런 일은 잘 생기지 않는다. 과거의 성공은 사다리일 뿐이다. 올라올 때 쓴 도구는 더 높은 곳으로 올라가는 데는 쓸모가 없다. 과거에 사용한 사다리를 걷어찰 수 있어야 성공하는 기업가가 될 수 있다.

"한 기업이 명성을 쌓는 데는 20년 이상이 필요하지만 그것을 무너뜨리는 데는 5분이면 족하다." 워런 버핏의 경고가 새삼 절절히 와 닿는다.

디지털 카메라의 보급으로 필름이 사양화될 것이라는 관측은 1980년대부터 나왔지만 필름은 당시 최고의 캐시 카우Cash cow였다. 세계의 필름시장은 코닥, 아그파, 후지필름 3사가 분점하다 보니 수익률이 높았다. 당시 후지필름의 부분이익은 총이익의 70%에 육박했다. 그러나 2000년을 정점으로 전 세계 필름시장은 연간 20~30%씩 감소해, 2005년 140년 역사의 독일 아그파가 문을 닫았고, 131년 역사의 미국 코닥이 2012년 초에 파산했다. 그러나 후지필름은 과감한 구조조정과 변신으로 필름산업에서 필사의 탈출을 시도해 살아남았다. 더 이상 필름회사가 아니라 의료기기, 전자소재, 화장품 회사로 탈바꿈한 덕택이다.

IBM은 1981년 최초의 PC를 내놓았다. 한때 타의 추종을 불허하는 거대 하드웨어 업체였다. 그 뒤 후발 주자들의 거센 도전으로 하드디스크 드라이브와 프린터, PC 등 과거 주력 업종군을 줄줄이 매각하고 소프트웨어 및 IT서비스, 바이오 등 신사업 관련 회사 100여 개를 합병했다. 정보기술IT과 생명기술BT의 통합을 미래의 성장동력으로 본 것이다. IBM은 이제 제약업까지 넘보는 끝없는 변신으로 새로운 성장동력을 불어넣고 있다.

몰라서 실패하는 일은 많지 않다. 많은 기업이 변화의 흐름을 읽고도 그런 일이 일어나지 않을 것이라는 막연한 믿음 때문에 무너진다. 1등 기업은 선두에 서는 순간 자신이 어떻게 성공할 수 있었는지를 잊고, 성공한 현재의 모습만 기억할 때가 많다. 그것이 성공 기업의 저주다. 성공의 기억은 자신감을 주어 앞으로 나아가게 하지만, 지나치게 매달리면 스스로 눈과 귀를 막아 길을 잃게 만든다.

짐 콜린스는 『위대한 기업은 다 어디로 갔을까』에서 절대 망할 것 같지 않은 기업이 쇠락하는 이유로 '자만'을 꼽았다. 성공한 기업일수록 혹시라도 자만의 늪에 빠져 있지 않은지 자신과 주위를 잘 돌아볼 일이다.

어리석은 사람은 경험에서 배우고 현명한 사람은 역사에서 배운다.

달려온
기적의 70년

　지난 2015년은 우리 민족이 일제 강점기에서 해방된 지 70년이 되는 해였다. 땀과 눈물의 70년이었다. 역경의 세월 속에서 대한민국은 세계 최빈국에서 13위 경제강국, 세계 7위의 무역대국으로 성장했다. 역동적인 민주주의도 이루었다. 한국적인 산업혁명과 민주혁명의 결과, 채 100년도 안 된 대한민국이 준선진국으로 떠오른 것이다. 세계사에서 유래를 찾기 어려운 성취다.

　해방과 함께 닥친 분단, 6·25전쟁, 그리고 변변한 자원 하나 없는 열악한 조건 등을 딛고 산업화와 민주화를 이루었다. 2차 대전 이후 신생 독립국가 중에서 이런 과제들을 모두 이루어 낸 나라는 한국밖에 없다. 1953년과 2014년을 비교하면 우리 경제가 그동안 얼마나 성장했는지 알 수 있다. GDP는 477억 원에서 1,485조 원으로 3만 1천 배, 1인당 국민소득은 67달러에서 2만 8,180달러로 420배, 제조업 비중은 7.8%에서 30.3%로 증가했다. 농림어업 비중은 48.2%에서 4~5%로 감소했다. LCD, 반도체, 스마트폰, 가전 산업 등은 세계 1위 산업으로 성장했다. 이러한 성과는 국가적 차원에서 20세기 세계흐름을 정확히 읽어내고 현명한 결단을 내렸기 때문에 가능했던 것이다.

이러한 놀라운 건국과 경제발전의 원동력은 어디서 온 것일까? 인천대 정재호 석좌교수는 "이승만 초대 대통령의 건국, 자유민주주의와 자유시장경제 채택 그리고 박정희 대통령의 수출 주도형 공업화 전략"에서 그 근거를 찾았다.

이승만 대통령은 해방 당시 좌우분열과 6·25의 공산화 위기에서도 자유, 평등, 창의를 존중하는 자유민주주의와 시장경제 체제를 수용하고 사유재산 보존, 법치제도, 교육혁신과 토지개혁을 확실히 하여 국민들의 경제활동의 근거를 마련했다.

박정희 대통령은 당시 수입 대체 균형 성장론의 대세 속에서 과감한 수출 주도 불균형 성장전략을 택하고 개발독재 비판을 감수하면서 전략산업 집중육성 등 정부 주도 개발전략을 선택하였다.

광복 70년, 건국 67년을 맞은 대한민국은 신흥국의 우등생으로 손색이 없었다. 한국은 제1차 경제개발 계획에 착수한 1962년부터 1991년까지 30년간 연평균 9.7%의 경이적인 성장을 했다. 좁은 국토와 부족한 자원의 분단국이 짧은 기간에 선진국 문턱까지 도달한 것이다.

오히려 정치는 제도적 민주화를 달성한 정도를 넘어 과잉 민주주의의 폐해를 걱정하기도 한다. 이러다 보니 국운융성기가 이제 끝난 것이 아닌가 하고 걱정하는 사람도 적지 않다.

지난 30년의 고성장기 이후 1992~2011년의 20년은 연평균 성장률 5.4%의 중성장기였다. 2012년부터는 3% 이하의 저성장기에 접어들었다.

조선, 철강, 화학, 자동차 등 주력산업이 모두 성장이 정체되면서 일자리가 격감하는 상태에서 고용을 걱정하게 됐다. 이미 수년 전부터 성장엔진에 이상한 조짐이 나타나고 있다. 정보기술 IT와 자동차 같은 주력 산업의 성장속도가 예전만 못하고 일부 산업은 후퇴하고 있다.

엔저 경제전략으로 경제부흥을 꿈꾸는 일본과, 가격은 물론 기술경쟁력까지 갖춰 가고 있는 중국 사이에서 한국의 대기업들이 고전하고 있다.

이제 한국 경제에도 특별한 계기가 마련되어야 한다. 약해져 가는 성장엔진에 힘을 불어넣고 새로운 엔진을 발굴해야 미래를 기약할 수 있다. 이런 때에 기업의 역할이 중요하다. 신기술 개발과 생산성 향상에 전력을 다해야 한다.

정재호 교수는 우리나라의 경기가 단기적으로 침체되는 것보다 장기적 잠재성장률 하락이 고착화되어 가는 것이 아닌지 우려하였다. 그 주요 요인으로 저출산의 영향에 따른 생산인구의 감소와 이에 따른 소비위축을 들었다. 그리고 우리 경제는 후발주자로서 열심히 따라가며 발전해 가던 시기를 지나 창조적, 혁신적 노력을 통해 성장역량을 키워야 하는 시점이라고 강조했다.

하버드 대학의 역사학자 데이비드 랜즈는 지난 3세기 동안 강대국의 부침을 분석한 후 이렇게 정리했다. "경제발전에 필수적인 것은 자원도 아니고 자본도 아니다. 미지의 세계에 도전하는 모험정신과 경영능력이다." 지금 우리에게 필요한 것은 바로 이것이다. 지난 70년간 한국은 지구촌에서 가장 놀라운 벤처기업이었다. 지금 다시 한 번 그런 면모를 보여줄 때다.

경제는 비관에 빠지면 더 나빠진다. 지금까지 경제는 좋다고 했던 때가 별로 없었다. 항상 어려웠던 것이다. 그래도 여기까지 올 수 있었던 것은 한국 특유의 기업가정신, 도전정신이 있었기 때문에 가능했다. 최근 저성장의 그늘이 짙다. 다시 한 번 우리 국민의 순발력과 저력을 발휘해야 한다.

변화해야
살아남는다

　유목민 즉 노마드Nomad는 한곳에 정착하지 않고, 말을 타고 이동하면서 생활한다. 페르시아를 정복했던 스키타이족, 유라시아를 정복했던 몽골족에 이르기까지 노마드가 세계사의 주역이었던 때가 적지 않았다. 이후 농경생활의 정착과 나라 국경이 형성됨에 따라 역사 속으로 사라졌던 노마드는 21세기 새로운 형태로 다시 주목을 받고 있다. 인터넷과 모바일 기기의 보급으로 우리는 시간과 공간의 제약으로부터 자유로워진 디지털 노마드Digital Nomad가 되었다.

　21세기 ICT혁명으로 변화의 속도는 어지러울 정도로 빠르다. TV가 5천만 명에게 보급되기까지 13년, 아이팟 4년, 인터넷 3년, 페이스북 1년, 트위터가 9개월 걸릴 정도로 세계시장은 빠르게 통합되고 기술과 제품의 사이클은 짧아지고 있다. 유튜브의 3개월 콘텐츠가 지난 100년간 미국의 ABC, NBC, CBS, CNN 방송의 콘텐츠를 다 합친 것보다 많다고 하니, 앞으로 또 어떤 새로운 기록들이 날마다 출현할지 궁금하다. 이제 세계시장의 통합으로 경기변화도 동조화를 이루고, 단일시장으로 빠르게 변해 가고 있다.

2014년 한 해 동안 국내 소비자들이 해외 온라인쇼핑을 통해 직접 구매한 금액이 1천만 건에 1조 원을 돌파했다고 한다. 2010년 이후 3년 만에 건수는 3배, 금액은 4배 폭증했다는 것이다. 해외구매가 급증하는 이유는 배송비, 관세를 감안해도 저렴한 가격, 상품의 다양성, 품질에 대한 믿음 그리고 손쉬운 주문을 들고 있다. 해외구매자의 90%가 20~30대로서 해외 경험이 많은 젊은 층에겐 언어나 물리적 거리가 장애가 되지 않는다.

해외 직접구매 같은 새로운 소비 트렌드는 흐르는 물과 같아서 결코 강제로 막을 수가 없다. 하루가 다르게 급변하는 것이 소비자의 선호도다. 이제 대형 유통업체도 소비자의 입맛에 맞추지 못하면 미래를 장담하기 어려운 시대가 됐다.

2018년 1월 미국 라스베이거스에서 열린 세계 최대 가전제품전시회(CES 2018)는 혁신의 연속이었다고 한다. 웨어러블Wearable 디바이스, 자동차와 IT 간의 결합기술 등 이종산업 간의 융합으로 경계를 허무는 혁신제품이 대거 공개됐으며, 역대 가장 많은 9개의 자동차 업계가 참가해 다양한 융·복합을 선보였다.

자동차 산업의 IT화는 피할 수 없는 대세다. 미국의 전기자동차 메이커인 '테슬라'는 전기자동차의 열풍을 일으키고 있다. 테슬라의 CEO 머스크는 "전기차는 아날로그적인 요소를 모두 버리고 완전히 새로 만든 IT기계"라고 선언했다. 나아가 무인자동차 시대가 성큼 다가오고 있다. 메르세데스-벤츠를 비롯한 세계 일류 자동차 메이커들은 2020년까지 무인자동차 양산 모델을 내놓겠다는 일정을 제시했다.

한편 미국에서는 상업용 무인항공기 드론 허용을 위한 사전작업에 속도를 내고 있다. 세계 최대 온라인쇼핑몰 아마존이 물건배송용 드론의 상업적 이용계획을 밝힌 상태에서 관심이 쏠린다.

IT혁명 시대에 살아남는 방법은 혁신이다. 1등 기업이 몰락한 것은 혁신에 실패했기 때문이다. 거대한 환경변화를 창조적 혁신으로 선도해 새로운 시장을 만들어 나가야 한다. 조직은 끊임없는 위기의식을 공유하고 이를 통한 자기혁신의 노력이 있어야 한다. 기업가는 방심하지 않고 미래의 환경변화를 보는 눈이 필요하다.

찰스 다윈이 그의 명저 『종의 기원』에서 내린 결론은 오늘날 경제정책의 운영에도 유용해 보인다. "결국 살아남는 종種은 가장 강한 종도, 가장 지적인 종도 아닌 변화에 가장 유연하게 적응하는 종이다."

장수사회,
두 번째 인생도 당당하게

자연계에만 사계절이 있는 것은 아니다. 우리 마음속에도 사계절이 있다. 사람마다 생체리듬은 다르지만 그 순서만은 어김없이 똑같다. 봄이 오면 다시 여름, 가을을 거쳐 또 겨울이 온다. 최근에 와서 인생 100년 사계절을 이야기하는 사람이 많다.

25세까지가 봄, 50세까지는 여름, 75세까지는 가을, 100세까지는 겨울이라는 것이다. 이에 따르면 25세 청년은 생명이 약동하고 꿈과 희망이 넘치는 봄이 되고, 80세 노인은 초겨울에 접어든 셈이다.

동양에서와 같이 회갑 개념이 없는 서양에서는 대체로 노인의 기준을 75세로 보는 것 같다. 그들은 65세에서 75세까지는 "활동적 은퇴기Active retirement"라고 부른다. 사회활동하기에 충분한 연령이라는 것이다.

대체로 인간수명의 한계는 120년이라는 설이 일반적이다. 대다

수의 동물이 성장기간의 6배까지 살 수 있다는 데 근거한 것이다. 사람은 20세까지 성장하는 만큼 120세까지 살 수 있다는 것이다. 장수는 인류가 수천 년 동안 추구해 온 꿈이었다. 최근 100년 동안 그 꿈이 실현되어 가고 있다.

고대 그리스인의 평균수명이 19세, 로마시대는 28세, 16세기 유럽인의 평균수명은 21세, 1900년 미국인의 평균수명은 47세, 1990년 지구 전체의 평균수명은 66세였다. 조선시대 역대 왕들의 평균수명은 47세였고 천하를 통일한 뒤 불로장생약을 구하기 위해 온 힘을 쏟았던 중국의 진시황도 50세로 수명을 다한 것으로 알려졌다.

평균수명은 영유아 사망, 각종 사고나 전쟁으로 인한 사망, 질병으로 인한 조기사망 등이 포함된 것이다. 지금은 공중위생의 향상, 전염병 관리, 백신, 항생제 개발 등이 조기사망률을 감소시키고 있어 평균수명이 크게 향상되어 가고 있다.

이제 의학의 발달로 인해 평균수명이 100세가 될 것이라는 것이 학자들의 공통된 의견이다. 지금 인류의 수명시계는 과거 30년쯤 일하고 적당한 노후생활을 하던 때와 달리 30년을 일하고도 20~30년은 더 일할 수 있도록 바뀌고 있다.

고령화가 아니라 장수사회다. 두 번의 인생을 살아야 하는 전대미문의 세상이 도래한 것이다. 따라서 나이가 든다는 것에 대한 전혀 다른 생각과 전략이 요구된다. 우리 스스로도 두 개의 인생을 잘 살 수 있는 방법을 여러 가지 관점에서 연구하지 않으면 안 된다. 나이 든다는 게 자연적인 현상이기는 하지만 두 번째 인생의 방향을 바로잡지 못하면 장수사회도 재앙이 될 수 있기 때문이다.

최근 일반인의 평균수명이 80세를 넘어서 급속도로 길어지고 있다. 고령자 비율이 전체 인구 중 10%를 넘는 유례가 없는 현실에서 두 가지 유형의 인생관을 볼 수 있다.

하나는 편하게 살다가 적당히 사라져야 한다는 '자포자기형' 인생관, 또 하나는 남들은 어찌하더라도 자신은 당당하게 늙으려고 노력하는 '자기노력형' 인생관이다.

장수인들은 자기 자신을 포기하지 않고 끝까지 최선을 다해 노력하는 사람들이다. 이들은 몸을 부지런하게 움직이는 노력형이다. 아무리 나이가 들어도 항상 움직이고 있다. 뿐만 아니라 항상 머리를 쓰는 마음가짐을 갖고 있다. 또한 나이에 상관없이 열심히 배우려는 젊은이 같은 사람이다.

의욕이 충만한 초고령자의 모습은 새로운 장수사회의 귀감이 될 수밖에 없다. 배워야만 주변 환경변화에 능동적이고 효율적으로 적응해 나갈 수 있다. 젊음과 늙음의 차이는 배움의 태도로 능히 극복할 수 있다. 배우지 않으면 변화하는 세상에서 따돌림을 받게 되고 생활 속 즐거움을 찾을 수 없게 된다.

미국의 시인 사무엘 울만은 일찍이 그의 유명한 시 〈청춘Youth〉에서 이렇게 노래했다.

"청춘이란 인생의 어떤 기간이 아니라 마음의 상태를 말한다. 때로는 20세 청년보다 70세 노년에게 청춘이 있다. 나이를 더해 가는 것만으로 사람은 늙지 않는다. 이상과 열정을 잃어버릴 때 비로소 늙는다."

"나이가 들면 지혜가 생긴다."는 서양속담은 시대를 뛰어넘는 진리다. "집안에 노인이 없으면 빌려라."는 그리스의 격언은 삶의 경륜이 얼마나 소중한지를 잘 보여주는 말이다.

가정과 마찬가지로 국가와 사회에도 지혜로운 노인이 필요하다. 나이 들면 기억력은 떨어지지만 그 대신 통찰력은 깊어진다고 한다. 노인의 지혜와 경험을 활용하지 못하는 사회는 발전할 수 없다.

아름다운 겨울은 인생의 봄과 여름과 가을을 잘 보낸 사람만이 누릴 수 있는 축복이다.

PART 3

성공하는 이유는 반드시 있다

몰입할 수 있는 사람은
행복한 사람

중국 한漢나라에 이광李廣이라는 장군이 있었다. 밤중에 산에서 호랑이를 만났다. 장군은 활을 당겨 호랑이를 쏘았다. 아침에 보니 장군의 화살은 큰 바위에 꽂혀 있었다. 이런 영웅담은 믿을 만한 것은 못 되지만, 사람이 정신을 통일시켜 전력을 다하면 바위라도 꿰뚫을 수 있는 초인적인 힘이 발휘된다는 교훈을 말해 주고 있다.

이런 이야기는 우리 주변에도 많다. 평소에는 쌀 한 가마니도 못 지던 사람이 갑자기 집에 불이 나니까 쌀가마니를 번쩍 들어 밖으로 나갔다는 이야기를 들어보았을 것이다.

이런 것을 보면 사람의 능력이란 굉장한 것이다. 단지 발현되지 않았을 뿐, 충분히 발휘만 된다면 평소에 불가능하다고 생각하던 일도 쉽게 해결할 수 있는 일이 많을 것 같다.

그런데 사람이 능력을 충분히 발휘하기 위해서는 몇 가지 필요한 것이 있다.

첫째는 물러설 수 없다는 극한의 각오가 필요하다. 신문·잡지 칼럼을 쓰는 일도 평소에는 미루고 미루다가 데드라인Deadline에 이르러서는 밤을 새워서라도 쓰게 되는 것을 경험한다. 데드라인이란 말 그대로 죽음의 선을 설정하여 자신을 궁지에 몰아넣어가며 전심전력으로 몰입하여 새로운 것을 창조해 내어야 하는 한계선이기도 하다.

손자병법에도 "배수의 진背水之陣"이라는 말이 있다. 진을 칠 때 뒤에다가 강江을 두어 후퇴의 가능성이나 도망갈 길을 스스로 막아버리는 포진이다. 살기 위해 죽음을 건 포진이어서 초인간적인 힘을 솟아나게 만들어 승리하게 되는 것이다.

둘째는 정신을 통일하는 것이다. 어떤 일을 하면서 곁눈을 팔거나 두리번거리거나 잡념을 품고는 자기 실력을 충분히 발휘할 수가 없다. 장자莊子의 「양생주」 편에는 포정(백정)이 문혜군을 위해 소를 잡는 일화가 나온다. 포정의 솜씨를 보고 감탄한 문혜군이 말했다.

"정말 훌륭하도다. 어찌 사람의 품새라 하겠는가?"

그러자 포정이 대답한다.

"소인은 항상 도道를 위해 몸 바쳤습니다. 도는 단순한 기술보다 위에 있습니다. 제가 처음 소를 잡았을 때는 소 전체가 눈앞에 보였습니다. 3년 정도 지나서 소가 보이지 않게 되었습니다. 지금은 눈으로 보지 않고 마음으로 봅니다. 즉 육감의 지배를 받기보다는 마음으로 일하지요. 그래서 소의 신체구조를 따라 뼈마디와 마디 사이로 칼날을 놀립니다. 자연히 살점과 심줄을 건드리지 않고 큰 뼈를 다치지도 않지요."

포정은 사용하는 식칼을 바꾸는 횟수에 따라 백정의 수준을 세 분류로 나누었다. 숙달된 고수는 식칼을 1년에 하나씩 바꾸고, 보통 사람은 한 달에 한 번씩 바꾼다. 고수는 고기를 베고 보통 사람은 고기를 썰기 때문이다. 그러나 포정은 이 식칼을 19년 동안이나 사용하면서 수천 마리의 소를 잡았지만 단 한 번도 칼을 바꾸지 않았다고 했다.

운동선수들은 체력과 기술만으로는 승리하지 못한다. 그래서 요즘은 정신을 통일하고 자기의 마음을 정돈하는 명상이나 요가와 같은 훈련을 함께한다. 대부분의 정신요법도 정신적인 힘을 끌어내어 스스로를 고치는 방법이다.

전 세계 유태인은 약 1,500만 명으로 세계 인구의 0.2%에 불과하다 그런데도 월가의 영향력 있는 인물 25인 중 10명이 유태인이다. 골드만삭스, 제이피모건체이스, 시티그룹, 모건스탠리 등의 최고경영자 또는 창업자가 유태인이다. 세계의 변화를 주도해 온 20대 창업자, 즉 구글의 래리 페이지나 세르게이 브린, 페이스북의 마크 주커버그, 마이크로소프트의 빌 게이츠도 유태인이다.

이들이 세계 경제계와 금융계를 좌우하는 위치에 서게 된 것은 어디에서 연유한 것인가? 먼저 학교, 군대, 직장, 가정 어디든지 짝을 지어 질문하고 대화하며 토론하고 논쟁하는 '하브루타Havruta'

교육을 들 수 있다. 특히 어릴 때부터 부모와 자녀가 저녁을 같이 하면서 질문하고 답변하는 밥상머리 교육이 창의력과 상상력을 키워 준다.

『몰입』이란 책을 쓴 서울대 황농문 교수도 같은 말을 했다.

"아무리 열심히 일해도 남보다 두 배 잘하기는 어렵다. 그러나 열심히 생각하면 남보다 10배, 100배, 1,000배 잘할 수 있다."

이것은 21세기 지식경제 시대에 국가의 생존전략이기도 하다.

'미친다'는 말은 듣기 좋은 말이 아니지만 한 가지 일에 미칠 수 있다면 참으로 행복한 사람이다. 인생도 마찬가지다. 기왕 사는 삶, 억지로 살거나 힘겹게 살거나 심지어 죽지 못해 산다고 하면 얼마나 불행한가. 한 가지 일에 미쳐 신바람 나게 살 수 있다면 더 바랄 것이 없을 것 같다.

골프광이 기쁨으로 골프채를 휘두르듯 생에 열중할 수 있다면 얼마나 행복하겠는가. 사랑에 열중해 본 사람은 그 기쁨을 알 것이다. 희생해 본 사람만이 희생자의 보람과 행복을 안다. 이런 고귀한 인생에 열중하여 한평생을 바칠 수 있다면 그것이야말로 인간으로 태어난 보람 아니겠는가.

역경과 시련이
주는 지혜

영국의 시인 퍼시 셸리는 "겨울이 오면 봄이 멀지 않으리라." 하고 노래했다. 추운 겨울일수록 다가오는 봄을 더욱 풍요롭고 아름답게 느낀다. 자연의 일부인 우리의 삶도 마찬가지다.

"눈물 젖은 빵을 먹어 보지 않은 사람과는 인생을 논하지 말라." 와 "어려서 고생은 사서라도 한다."라는 말을 많이 듣는다. 이런 애기는 모두 역경의 힘을 강조하는 경구다. 눈물 나는 고난을 극복해 가는 과정에서 의지가 다져지고 역경을 헤쳐 나갈 지혜가 생긴다는 의미일 것이다.

우리 주위에서도 눈물 속에서 성취를 이룬 사람들을 쉽게 찾을 수 있다. 아프리카 수단의 톤즈 마을에서 나병환자들과 함께 살다가 선종한 이태석 신부를 그린 다큐멘터리 영화 〈울지마 톤즈〉가 수십만 관객들에게 깊은 감동을 주었다. 인간의 삶이 얼마나 비참할 수 있는지, 동시에 얼마나 숭고해질 수 있는지를 보여주었다.

이 영화는 수많은 사람의 눈물샘을 자극했다. 톤즈 마을 사람들은 '사랑해 당신을'이라는 노래를 한국말로 부르며 흐느껴 울었다. 이태석 신부의 삶은 톤즈 마을 사람들의 고단한 삶에 큰 위로가 되었다.

온실에서 자란 나무는 크게 자라지 못하고, 양어장에서 잡은 고기는 맛이 없다고 한다. 대자연의 비바람에 시달리며 자라지 못한 나무가 크게 자라지 못하듯이 역경을 겪으며 자라지 못한 사람은 깊이가 없고, 작은 시련 앞에 쉽게 무릎을 꿇게 된다. 겨울이 추울수록 봄은 더욱 찬란해지는 법이다. 또한 역경과 절망 끝에서 피는 꽃이 더욱 아름답다.

시인 장석주는 〈대추 한 알〉이라는 시에서 "대추가 저절로 붉어질 리가 없다. 저 안에 태풍 몇 개, 천둥 몇 개, 벼락 몇 개"라고 노래했다. 조그마한 대추 하나가 익기 위해서도 시련의 시간이 필요하다는 의미다. 오늘 겪은 좌절이 내일 열리는 열매의 씨앗이 된다면 견딜 만하지 않은가.

"북풍이 바이킹을 만들었다."라는 스칸디나비아의 격언도 있다. 바이킹은 9~11세기에 독일, 영국, 프랑스와 스페인 연안을 휩쓸고 북미와 그린란드까지 진출했다. 그로 인해 바이킹이라는 말은 전진과 모험의 상징이 되었다. 바이킹들은 추운 기후, 거친 땅과 같은 악조건에도 굴하지 않았다. 조상을 원망하거나 현재의 환경에 굴복하지 않고 전 세계를 향하여 전진했다.

고통이 없는 창조는 없는 법이다. 기존의 문제에 생명을 걸고 도전해 새 비전과 지평을 열었던 이순신, 링컨, 간디, 만델라의 고통은 물론 문학과 예술 영역의 헨델, 단테, 톨스토이, 번연, 도스토예프스키, 위고, 베토벤 등의 삶 역시도 그렇다. 유배, 추방, 투옥, 불치병, 실명, 반신불수 등 엄청난 고난의 연속이었다. 절망 속에서도 비전을 포기하지 않은 그들의 열정과 헌신은 훗날 사회와 인류의 유산이 되었다. 위대한 성취는 대부분 고통 때문에 나왔다는 것을 알 수 있다.

소크라테스는 "인간다운 삶이란 좋은 집에 살고 좋은 음식과 물질적인 풍요를 누리는 것이 아니라, 시련에 부딪히고 고민도 하고 때론 좌절하기도 하는 것"이라고 했다. 아마도 "배부른 돼지보다 배고픈 철학자가 낫다."라는 말이 여기서 유래된 듯하다. 물질적 삶에 만족하지 않고 고뇌하고 어려움을 극복하기 위해 노력하는 것이야말로 참된 인간의 모습이리라.

애벌레는 자신의 껍질을 모두 벗겨 내는 큰 아픔을 견뎌야 나비가 되고, 매화는 오랜 겨울 동안 눈과 바람을 견뎌야 비로소 꽃을 피울 수 있다. 백자는 1,300도나 되는 고열을 버텨야 하고, 칼은 수백 수천 번 담금질해야 비로소 강하고 예리한 칼날을 가질 수 있다.

역사는 우리에게 기쁨보다는 슬픔이나 고난 속에서 더 단합된 힘이 나온다는 사실을 가르치고 있다. 역경은 사람들을 더 단단히 묶어 주기 때문이다. 고난은 우리에게 의무를 심어 주고 집단적 노력을 가르쳐 준다. 그래서 고난은 힘인 것이다.

문병란 시인의 〈희망가〉는 어려운 시기를 맞고 있는 우리에게
큰 위안을 준다.

얼음장 밑에서도
고기는 헤엄을 치고
눈보라 속에서도
매화는 꽃망울을 튼다.

…(중략)…

인생항로
파도는 높고
폭풍우 몰아쳐 배는 흔들려도
한 고비 지나면
구름 뒤 태양은 다시 뜨고
고요한 뱃길 순항의 내일이 꼭 찾아온다.

꽃바람을 헤치며 여린 몸짓으로 파릇파릇 돋는 새싹, 얼음장 밑
을 활기차게 유영하는 물고기를 보면서 매서운 겨울이 지나고 희
망의 봄이 오고 있음을 온몸으로 느낄 수 있다.

연습만이
대가大家를 만든다

테니스나 골프를 배우기 위해 연습장에 가면 코치가 몇 가지 기본동작을 가르쳐 주고 계속 반복연습을 시킨다. 초보자들은 같은 동작을 반복하는 것이 지겨워지기도 한다. 그러나 시간이 지날수록 코치가 왜 반복연습을 시켰는지 이해하게 된다. 히브리어에는 반복이란 말과 교육이란 말이 같은 단어로 사용된다. 교육은 반복연습이고 반복이 교육임을 그들은 일찍 깨달았기 때문이다.

독일의 심리학자 헤르만 에빙하우스는 "인간은 평균적으로 학습한 후 10분부터 망각이 시작되어 1시간이 지나면 50%, 하루가 지나면 70%, 한 달 후에는 처음 학습한 내용의 80% 이상 망각한다."라고 했다. 그는 가장 효과적인 학습방법은 10분 후 바로 복습, 1일 후 또 복습이며 7일 후에 다시 보면 한 달 동안 기억이 되고, 한 달 후 또 보면 6개월 이상 장기기억을 할 수 있다고 말하면서 반복

연습의 중요성을 강조했다. 반복연습은 비단 공부에만 적용되는 것이 아니라 학문, 예술, 음악, 스포츠 등 우리의 모든 행동양식에 똑같이 적용된다.

스페인이 낳은 세계적인 첼로의 성자, 파블로 카잘스는 96세에 세상을 떠날 때까지 첼로를 손에서 놓지 않았던 첼로의 달인이었다. 95세 때 기자가 물었다.

"선생님께서는 역사상 가장 위대한 첼리스트로 손꼽히는 분입니다. 그런 선생님께서 아직도 하루에 6시간씩 연습하시는 이유가 무엇입니까?"

카잘스는 활을 내려놓고 말했다.

"왜냐하면 지금도 제가 조금씩 발전하고 있다고 생각하기 때문입니다."

19세기 최고의 피아니스트인 루빈스타인은 "하루를 연습하지 않으면 자신이 알고, 이틀을 연습하지 않으면 본인이 속한 오케스트라 단원들이 알게 되고, 사흘을 연습하지 않으면 세상 사람들이 다 알게 된다."라고 말했다.

이들은 연습의 중요성을 우리에게 일깨워 준 산증인들이다.

특히 스포츠 분야에서 연습의 중요성은 아무리 강조해도 지나치지 않다. 최초의 흑인 홈런왕 행크 아론은 이렇게 말했다.

"매일 정신이 아득할 정도로 많은 시간을 연습에 쏟고 나면 이상한 능력이 생긴다. 다른 선수들에게는 없는 능력이 생기는 것이다.

예를 들면 투수가 공을 던지기 전부터 그 공이 커브냐, 직구냐를 알 수 있게 된다. 그리고 날아오는 공이 수박덩어리처럼 크게 보인다."

결국 연습의 힘이 마법을 만든 것이고, 세상의 모든 기적과 마법의 진짜 비밀은 연습에 있었던 것이다.

피겨 여왕 김연아는 잠자는 시간을 빼놓고는 연습에만 매달린 지독한 연습벌레다. 그 덕분에 열아홉 살 어린 나이에 은반의 여제가 되었다. 스타도 천재도 하늘에서 그냥 떨어지지 않는다.

전담 코치였던 브라이언 오서는 "김연아의 재능을 하늘의 축복이라고 생각하는 사람이 있다면 연아가 연습하는 과정을 딱 사흘만 지켜보라고 말해 주고 싶다."라고 말했다. 그는 그의 자서전『한 번의 비상을 위한 점프』에서 김연아의 유일한 결점은 지나치게 연습하는 완벽주의라고 썼다. 김연아는 하나의 점프 기술을 익히기 위해 최소 3,000번의 엉덩방아를 찧는다는 것이다.

"물방울이 돌을 뚫는다."라는 말이 있듯이, 하루에 3,000번의 스윙을 했다는 최경주 선수의 말은 깊은 울림을 준다. "오늘 1,000개를 치겠다고 자신과 약속을 했으면 1,000개를 쳐야 한다. 999개를 치고 내일 1,001개를 치겠다며 골프채를 내려놓는 순간 성공은 당신 곁을 떠나간다."

스포츠 경기기록이 날로 향상되는 건 선수들이 더 효율적으로 훈련하고 더 집요하게 노력하기 때문이다.

일류 음악학교에서도 어떤 학생이 더 뛰어난지 연구했더니 너덧 살 때 비슷하게 음악을 시작해 18세에 입학하기까지 보통학생은 혼자 3,420시간을 연습한 반면 잘하는 학생은 5,301시간을, 탁월한 학생은 7,410시간을 연습했다는 결과가 있다. 연습이 쉽고 재미있을 리 없다. 죽을 만큼 연습하지 않으면 실력은 늘지 않는다.

연습은 기술이나 스포츠에만 필요한 것이 아니다. 인격도야人格陶冶에도 연습을 쌓아야 한다. 참는 연습, 이해하려는 연습, 남의 말을 경청하는 연습, 고운 말을 쓰는 연습 등 나의 인격을 다듬기 위한 연습이 필요한 때다. 기술과 스포츠 그리고 인격도야에 있어서도 경쟁력의 원동력은 바로 끊임없는 반복연습에 있다는 사실을 유념하자.

실패도
자산이다

인생을 살면서 누구나 한두 번의 실패나 성공을 경험한다. 실패는 사람을 좌절과 절망에 빠지게 하고, 성공은 독선과 오만으로 '성공의 덫'에 걸려 넘어지게도 한다. 인간이 실패에 따른 고통을 피하려고 하는 것은 자연적인 본능이다. 그러나 실패는 우리에게 반성과 교훈을 주기도 하고 성공에 이르는 디딤돌이 되기도 한다.

미국 3M사의 '포스트잇Post It'은 전 세계적으로 널리 쓰이는 히트 상품이다. 이 제품의 개발은 강력한 접착제를 만들려다 실패한 것이 발판이 되었다. 7년 동안이나 연구했으나 제품의 접착성이 약해 당초 의도한 접착제로 사용할 수가 없었다. 그러나 3M사는 포기하지 않았다. 약한 접착제를 어떻게 활용할까를 궁리하다가 작은 종이 조각을 메모용지로서 상품화하는 데 성공했다. 그 결과 포스트잇은 3M사의 주력 상품인 스카치테이프의 매출액을 능가하게 되었다.

포스트잇의 성공비결은 실패를 두려워하지 않는 개척자정신에
있다. 기업경영에 있어 무수한 실패가 있더라도 두려움 없이 계속
추진해야 한다는 사실을 여기서 배울 수 있다. 결국 성공은 실패를
어떻게 받아들이고 이것을 어떻게 변화시켜 창조적인 결과로 꽃피
우느냐에 달려 있다.

일본 실패학의 창시자 하타무라 요타로는 그의 저서 『나의 조직
을 살리는 실패학의 법칙』에서 "누구나 성공이라는 단어를 좋아하
지만 실패라는 단어는 의식적으로 싫어한다. 하지만 성공신화의
뒤에는 반드시 실패의 교훈이 숨어 있다. 성공은 실패를 밑거름으
로 해서 노력한 결과물이기 때문이다."라고 말했다.

실패 그 자체는 뼈아프지만 훗날 성공을 위한 소중한 자산이 될
수 있다는 점을 직시하고 이를 창조적 실패로 활용하는 것이 중요
하다는 의미다.

토마스 에디슨은 실패에서 성공을 터득한 산증인이다. 그의 위
대한 발명품은 백열전구다. 그런데 백열전구는 단 한 번의 실험으
로 태어나지 않았다. 무려 2,000번이나 실패를 거듭해야 했다. 어
느 날 한 기자가 실패를 거듭한 에디슨에게 물었다.

"그 많은 실패를 했는데 기분이 어떤지요?"

에디슨은 정색을 하고 말했다.

"무슨 말이에요? 저는 한 번도 실패한 적이 없는데요. 단지 그

많은 실험방법이 효과가 없다는 소중한 사실을 알게 됐습니다."

1878년 에디슨이 창업한 GE는 140년이 지났지만 오늘날까지 초일류 기업으로 명성을 날리고 있다. 그 비결은 GE가 자랑하는 '실패 데이터베이스'에 있다. 제품 실패사례, 고장, 사고 등 중요한 정보를 기록하고 정리하여 보물처럼 관리하고 이용한다. 실패나 시행착오를 통해 올바른 방향을 찾고, 배우는 일을 생활화하고 있는 것이다.

실패할 때마다 질책하고 징계하면 새로운 일에 도전하려는 의지를 꺾게 되어 변화와 혁신을 이끌어 낼 수 없다. 실패를 성공으로 도약하는 과정으로 보는 리더십이 필요하다.

산악인 박영석 대장은 히말라야 8,000m급 봉우리를 하나하나 도전하면서 가장 두려웠던 것은 자기 자신이라고 했다. 마음이 약해져 타협하고, 포기하게 될까 봐 두려웠다는 것이다. 그는 "실패할 때 확실하게 실패하라."고 했다. 모든 노력을 다 해 보고 남김없이 실패해야 나중에 그 실패가 성공의 밑거름이 된다는 것이다.

"성공은 실패의 씨앗을 낳는다."라는 말이 있다. 시간이 흐르고 환경이 바뀌었음에도 불구하고 사람들은 한 시대에 성공을 가져다주었던 아이디어와 전략에 과도하게 집착한다. 하지만 집착은 부작용을 낳고 새로운 환경에 적응하지 못하게 해 실패로 이어진다. 그러니 성공했다 하더라도 겸허와 신중함을 미덕으로 삼지 않으면 안 된다. 그래야만 끊임없이 스스로 변신하여 성공을 연장해 나갈 수 있기 때문이다.

우리는 실패에 대한 두려움 때문에 성공 가능성이 없는 도전은 아예 시도하지 않으려 한다. 이는 패배를 피해가는 길이지만 성공을 비껴가는 확실한 방법이기도 하다.

"쓴 것을 맛보지 못한 사람은 설탕 맛을 모른다."라는 속담이 있다. 기필코 꿈을 이루고 싶다면 실패를 거울삼아 성공할 때까지 도전할 수밖에 없다.

미국의 홈런왕 베이브 루스는 30년 동안의 선수생활에서 통산 714번의 홈런을 쳤다. 동시에 삼진아웃 최다 보유자라는 오점도 남겼다. 농구의 황제 마이클 조던은 "나는 9,000번 이상 실투를 했다. 300회 가까운 경기에 패배했다. 평생 실패를 수없이 거듭했다. 그 덕분에 성공했다."라고 회고했다.

실패를 두려워해서는 어떠한 사업도 성공할 수 없다. 두려움이야말로 성공을 가로막는 최대의 장애물이다. 성공한 사업가들은 실패를 통해 성장을 거듭했다. 그러므로 실패를 극복하는 열정과 도전정신은 경쟁력의 든든한 버팀목이 된다.

천재?
그런 것은 없다

"천불생 무록지인天不生 無祿之人 지부장 무명지초地不長 無名之草."

『명심보감』에 나오는 말이다. 직역하면 하늘은 할 일이 없는 사람을 내지 아니하고, 땅은 이름 없는 풀을 기르지 아니한다는 의미다. 즉 세상 만물은 각자 존재 이유가 있고 그 존재 이유에 따라 자신의 삶을 누리고 가꿀 수 있는 능력이 주어진다는 뜻이다.

인간은 각자의 몫을 가지고 태어난다. 누구나 나름대로의 능력과 재능 그리고 자기의 역할과 할 일이 있다. 하지만 그 몫은 저절로 생기는 것이 아니라 노력 여하에 따라 달라질 수도 있다.

지금 생활이 너무 어렵다고 해서 비관만 하고 있으면 그 사람은 결코 큰일을 할 수 없다. 큰일을 이루는 데는 더 큰 수고스러움이 따르는 법이다.

어디서 무엇을 하든지 하고 싶어서 하는 일에는 행복감을 느끼게 되고 보람을 갖게 된다. 노력하지 않고 요행으로 이루어지는 일은 없다. 늘 자기 개선을 위해 노력하고, 감정에 휩싸이지 않으며, 인내할 줄 아는 절제력이 필요하다.

자신이 타고난 달란트를 열정, 노력, 인내로써 잘 가꾸면 그 분야에서 달인의 경지에 이르게 된다. 그 아름다운 열매는 본인뿐만 아니라 이웃과 사회에도 기쁨과 행복감을 주게 될 것이다.

미국의 베스트셀러 작가 로버트 그린은 『마스터리의 법칙』에서 인생의 씨앗에 대해 다음과 같이 말했다.

"인간이 세상에 태어남과 동시에 씨앗 하나가 심어진다. 그 씨앗은 바로 당신만의 독특한 고유성이다. 씨앗은 그 안에 본래적이고 적극적인 에너지를 품고 있다. 우리 인생의 과업은 그 씨앗을 키워 꽃을 피우는 것, 즉 일을 통해 자신만의 고유성을 표현하는 것이다."

씨앗을 찾는 방법으로는 "당신을 흥미롭게 하는 것, 열정을 갖게 하는 것, 당신이 진정 좋아하는 것, 당신을 남과 다르게 만드는 것이 바로 그것"이라고 설명했다.

그는 "세상에 신이 내린 천재 따윈 없다."라고 단언했다. 다만 끈질기게 자기만의 열정을 파고들어 달인의 경지에 이른 사람과 거장巨匠의 반열에 오른 사람이 있을 뿐이라고 강조했다. 또한 "천재란 우리의 게으름을 감추기 위한 핑계에 불과하며, 모차르트, 아인슈타인, 다윈, 에디슨 등에 얽힌 천재 이야기는 대부분 허구"라고 말했다. 이들은 본능적인 열정 뒤에 뼈를 깎는 수련을 거쳐 불멸의 천재로 거듭났을 뿐이다. 누구나 천재의 씨앗을 품고 태어나는 법이다. 그리고 덧붙였다.

"달인이 되는 데 최소한 1만 시간이 필요하고, 세대를 초월한 마스터가 되려면 2만 시간이 필요하다. 음악가, 작가, 운동선수가 1만 시간을 훈련하면 뇌에 변화가 온다는 사실이 여러 실험을 통해 밝혀졌다. 뇌는 2만 시간 이상의 연습을 거치면 놀라운 탈바꿈을 하게 된다."

런던에서 택시기사가 면허증을 받으려면 약 2만 5천 개의 도로와 수천 개의 광장을 반드시 알고 있어야 한다. 모두 익히는 데 보통 3~4년이 걸리고 여러 단계의 시험을 통과해야 면허증이 나온다. 이들 택시기사들의 뇌의 해마는 정기노선을 다니는 버스기사들보다 훨씬 크다고 한다. 뇌도 이렇게 근육과 같이 계속 쓰는 부위는 발달하고 안 쓰면 작아진다고 하니 놀라울 따름이다.

사람들이 가장 어려워하는 것은 노력, 인내, 끈기, 연습 등을 즐기는 것이다. 성공한 사람들과 꿈을 이룬 사람들은 꿈을 성취하기 위해 남들보다 몇 배 많은 시련과 고난을 극복했다. 시련과 노력 없이는 성공은 존재하지 않는다.

우리 주위에서도 이러한 역경과 시련의 과정을 거쳐 달인의 경지에 이른 인물을 만날 수 있다. 은반의 여왕 김연아, 바이올리니스트 장영주처럼 기예에 숙달된 사람을 달인이라 부를 수 있을 것이다. LA다저스 구단에서 뛰고 있는 류현진, 미국 메이저리그 텍사스 레인저스 소속의 추신수, 그리고 지금도 하루에 18~19시간씩 연습한다는 발레리나 강수진, 이들은 힘겨운 연습과 고행의 과정을 잘 이겨내고 철저한 훈련과 자기 관리로 달인의 경지에 이른 인물들이다.

아무리 강조해도 지나치지 않는 것이 연습이다. 연습만큼 분명한 지름길은 없다. 진정한 고수들은 연습을 사랑하며 즐긴다. 사랑하면 어떤 조건도 방해가 되지 않는다. 미국이 자랑하는 경영 컨설팅의 달인 데일 카네기는 "자신이 하는 일을 재미 없어하는 사람치고 성공하는 사람을 못 봤다."라고 했다.

요즘처럼 양극화가 심화되고 삶이 고단해진 때에는 자신을 비하하고 삶에 대한 의욕을 상실하기가 쉽다. 그럴수록 태어날 때 창조주가 자신에게 주신 달란트가 무엇인지를 생각하는 게 바람직하다.

달란트를 살리며 땀 흘려 노력하는 것만으로도 자신뿐만 아니라 이웃사람들까지 행복하게 만들 수 있다는 것을 기억하자. 우리 모두 서로가 격려하며 도전하는 생활자세가 필요하다.

커피 씨앗도
경쟁한다

모든 생명체는 경쟁을 통해서 생존한다. 경쟁 없는 사회는 생명력이 없다. 경쟁은 사회를 발전시키는 산소나 빛과 같은 요소이다.

생명체는 생존에 유리하게 진화한다. 경쟁은 선택의 문제가 아닌 삶의 본질에 기초하여 나타나는 자연적 현상이고 속성이다. 이러한 생존본능은 인간뿐만 아니라 동물이나 식물에서도 다르지 않다.

브라질의 커피농장에서는 새 묘목을 길러내기 위해 많은 모래주머니마다 두 개의 커피 씨앗을 심고 일정 시간이 지난 후 잘 자란 하나만 선택한다고 한다. 농장주는 수십 년의 경험을 통해 하나의 씨앗보다는 두 개를 심어야 잘 자란 종묘 하나를 얻을 수 있다는 비밀을 알아냈다고 한다.

씨앗 하나를 심어서는 절대 크게 자라지 않고, 세 개 이상도 좋은 결과를 얻지 못했다. 두 개의 씨앗이 작은 공간에서 서로 경쟁하며 자라기 때문에 그중 하나는 틀림없이 종묘로 선택된다는 것이다. 커피 씨앗도 경쟁하면서 자란다.

이런 현상이 어디 커피 씨앗뿐이겠는가. 소비자에게는 독점보다는 경쟁이 좋다. 통신이나 항공운송 서비스도 경쟁체제로 바뀌면서 달라졌고, 가전제품이나 자동차도 경쟁하기 때문에 품질과 서비스가 좋아졌다.

공기업 민영화도 똑같은 논리가 적용된다. 경쟁을 통해서 경영의 효율성이 증가하고 그 혜택은 소비자인 국민과 종업원에게 돌아가는 당위성을 어떻게 반박할 수 있겠는가.

일찍이 경제학의 아버지로 불리는 애덤 스미스는 『국부론』에서 인간의 이기심에 의한 경쟁을 강조하면서 그 유명한 '보이지 않는 손invisible hand'을 이렇게 설명했다.

"우리가 저녁식사를 할 수 있는 것은 푸줏간, 양조장, 빵집 주인의 호의 때문이 아니라 그들이 스스로의 이익을 위해 일하기 때문이다. 각 개인은 그들의 사적인 이익만을 추구하는데, 이 과정에서 보이지 않는 손에 의해 의도하지 않았던 공공의 이익을 달성하게 된다."

많은 사람들이 경쟁 없는 세상을 꿈꾼다. 남들은 경쟁하더라도 나만은 경쟁 없는 세상에 살기를 바란다. 물론 경쟁에는 부작용도 많다. 인간이 경쟁의 노예가 되어서는 안 된다. 하지만 현대사회 어디에도 경쟁이 없는 무릉도원은 없다. 경쟁하지 않고, 줄만 서도 되는 사회는 이미 소멸하고 없다.

경쟁 없는 세상이 있다면 과연 우리는 행복할까. 프로야구가 친선경기로만 치러진다고 생각해 보라. 관람객은 물론이고 선수들도 무미건조할 것이다. 더 좋은 제품을 더 싸게 사기를 요구하는 소비자를 만족시키기 위해 기업들이 경쟁했기 때문에 더 좋은 제품과 서비스가 나온다는 것을 잊지 말아야 한다.

노벨 경제학상을 받은 게리 베커 교수는 "종교조차도 경쟁하는 사회에서 훨씬 번성한다."라고 했다. 물론 경쟁에는 필연적으로 낙오자가 생기게 마련이다. 그런 낙오자도 인간의 존엄과 가치를 지키도록 국가가 뒷받침해 줘야 한다. 정부가 포괄적이고 체계적인 안전망으로 시민사회를 감싸는 것은 자유주의적 가르침과 전혀 어긋나지 않는다. 이런 관점에서 본다면 선의의 경쟁을 하면서도 다른 한편으로는 사회의 약자를 배려하는 세상이 좋은 세상이라고 할 수 있겠다.

하버드대 경제학 교수였던 토스 부크홀츠는 그의 저서 『러쉬 Rush』에서 "인간은 무엇인가를 향해 끊임없이 도전하고 경쟁하며 바쁘게 움직일 때 더 행복해진다."라고 주장했다.

인간은 경쟁을 통해 성장하고 진화해 온 까닭에 본능적으로 경쟁을 원한다는 것이다. 스트레스는 더 나은 삶을 위해 최선을 다하게 만든다. 경쟁 충동은 인간 고유의 본성이며, 행복은 바쁘게 움직이는 데서 비롯되는 것이므로 저자는 "지금 우리에게 필요하고, 우리가 중시해야 하는 것은 행복을 향한 경쟁이다."라고 강조했다.

초기 인류는 포식자로부터 살아남기 위해 할 일이 많았다. 포식자는 때로는 짐승이거나, 다른 인간이거나, 아니면 목숨을 앗아갈 눈, 폭풍, 호우 혹은 기근이기도 했다. 약육강식이 지배하는 세상에서 포식자로부터 살아남기 위해서는 경쟁과 함께 다른 인간과 협력도 해야 했다. 경쟁이 협력을 낳은 것이다. 경쟁은 우리 인류의 삶의 질을 끌어내리는 족쇄가 아니라 우리가 살아남을 수 있도록 하는 토대가 되었다.

경쟁은 환경에 적응하지 못하는 개체부터 탈락시킨다. 자연도태다. 경쟁에서 살아남으려면 선택을 받아야 한다. 기업이 시장의 선택을 받는 것처럼 말이다. 특히 요즘처럼 생태계의 패러다임이 바뀌는 과정에서는 선택과 도태가 순식간에 일어난다.

그러나 무한경쟁의 시대에 적자생존 법칙을 곧이곧대로 따르기보다는 부당한 경쟁은 법으로 엄정히 다스리는 것도 필요하다. 공정한 경쟁에서 탈락한 이들을 보호하는 장치가 반드시 있어야 하는데 이것이 바로 사회보장제도다. 이를 통해 약자를 보호하고 그들이 다시 자립할 기회를 제공하며 건전한 경쟁 환경을 만들어 가도록 해야 한다. 이기적인 경쟁은 사회발전을 저해하지만 선의의 경쟁은 경제성장과 사회발전의 토대가 된다.

생생하게
꿈꾸어라

꿈이란 무엇일까? 꿈이란 끊임없이 움직이려는 생명에 방향을 제시하는 영혼의 나침반 같은 것이다. 모든 생명이 저마다 꿈을 가지고 살아가지만, 많은 이들이 자기의 방향을 잃어버리고 다른 사람의 흉내를 내며 살아가기도 한다.

꿈이 없으면 자기의 노래를 부를 수 없고, 자기 인생의 주인이 될 수 없다. 꿈이 있을 때 삶은 도전과 모험으로 가득 찬 멋진 이벤트가 된다.

"큰 꿈을 가져라. 큰 꿈은 사람들의 마음을 움직일 수 있는 힘을 지니고 있다." 시인 괴테의 말이다.

20세에 마케도니아 왕이 된 알렉산더에게는 동서의 세계를 하나로 만들겠다는 웅대한 꿈이 있었다. 이 꿈의 실현을 위해 대원정의 길을 떠나기에 앞서 자기 재산을 모두 사람들에게 나누어 주었다.

한 신하가 알렉산더 왕에게 물었다.

"임금님은 왜 모든 보물을 신하에게 나누어 주십니까?"

알렉산더는 대답했다.

"나는 보물 전부를 나눠주고 있는 것이 아니다. 내가 가장 아끼고 있는 보물만은 끝까지 간직하고 있을 작정이다."

"그처럼 임금님께서 아끼시는 보물이란 도대체 어떤 것입니까?"

알렉산더는 빙그레 웃으면서 이렇게 대답했다.

"그것은 희망이라는 보물이다."

알렉산더 왕은 드디어 10년 동안 희랍에서 이집트에 이르는 대제국을 건설했다. 만약에 그가 열병으로 32세에 죽지 않았다면 그의 제국은 틀림없이 동양에까지 뻗어 나갔을 것이다. 진정 사람을 움직이는 힘은 보물이 아니라 꿈을 공유하는 데서 나온다.

크고 작은 것에 상관없이 꿈이 있으므로 해서 어려운 시련과 역경을 이겨낼 수 있다. 꿈은 나이에 관계없이 삶을 지탱해 주는 원동력이다. 사람이 아무 일도 하지 않는 무위무사無爲無事의 삶으로 일관하다 보면 하루하루가 지루하고 살얼음판을 걷는 기분이 된다. 작은 일이라도 자신이 이룰 수 있는 꿈을 찾아 활기차게 노력할 때 삶의 보람을 느낄 수 있다.

꿈은 무의미하지 않다. 상상력과 창조력의 원천이며 인류 역사에 큰 영향을 미쳤다.

영국의 주간지 이코노미스트 기자를 지낸 로버트 모스는 『꿈의 힘』이라는 저서에서 꿈이 역사와 인류에 미친 영향을 추적했다. 그는 "꿈은 역사적으로 종교를 태동시키고 발전시킨 중심에 있었다. 꿈은 예술에 에너지와 영감을 제공했다. 그리고 글을 쓰는 작업도 꿈과 밀접한 관련이 있다. 많은 작가들이 꿈을 기록하는 것을 작품을 준비하기 위한 창조적 활동으로 여겼다. 그리고 작가의 기억력을 소생, 분출시키는 통로가 됐다."라고 분석했다. 그는 꿈을 꾸게 된 개인이 그 내용을 비전으로 만들고 실천함으로써 역사를 바꿀 수 있다고 강조했다.

처칠이 많은 결점에도 불구하고 영국인의 절대적 존경을 받는 이유가 어디에 있을까. 2차 대전의 절망적인 상황 속에서도 영국 국민이 희망의 꿈을 잃지 않게 만들었기 때문이다.

미국의 케네디 대통령은 정치적으로 이렇다 할 공적을 남기지 못했다. 그러면서도 미국인이 그를 위대한 대통령으로 여기고 아직도 그를 그리워하는 것은 온 국민에게 새로운 미국에 대한 희망을 불어넣은 까닭이다.

우리나라도 박정희 대통령 시절의 공통된 꿈은 '잘살아 보세!'였다. 노래까지 만들어 국민이 열정적으로 외치며 노력했다. 그리고 정말 그 꿈이 이뤄졌다. 불과 반세기 만에 세계 최빈국에서 세계 10위권의 경제대국이 된 것이다. 이제 우리는 선진국으로 가는 새로운 꿈을 꾸고 말할 때가 되었다.

꿈이란 고상하고 남을 위한 것일수록 행복에너지가 된다. 가난한 사람이란 돈이 없는 사람이 아니고 꿈이 없는 사람이다.

알바트로스라는 새는 몸집에 비례하여 날개가 크다. 날개가 클수록 그 몸도 가볍다. 약점과 불리한 여건이 많아도 꿈의 날개를 넓게 펴면 날 수 있는 에너지를 많이 받게 된다.

노벨 연구소가 출간된 지 400년이 지난 세르반테스의 『돈키호테』를 역사상 최고의 문학 작품으로 꼽는 이유는 이상을 향해 돌진하는 저돌적인 인간형을 창조했기 때문이다. 돈키호테의 한 구절이다.

"이룩할 수 없는 꿈을 꾸고, 이루어질 수 없는 사랑을 하고, 싸워 이길 수 없는 적과 싸움을 하고, 견딜 수 없는 고통을 견디며, 잡을 수 없는 저 하늘의 별을 따자."

우리의 앞날을 비관하는 사람이 많은 것은 사회의 어디를 둘러보아도 희망을 안겨줄 만한 것이 별로 없기 때문이다. 이런 때일수록 새로운 꿈을 가지고 도전하는 용기가 필요하다. 도전을 포기한 사람은 모든 것을 포기한 사람이다.

꿈을 회복시키려면 구체적인 작업이 필요하다. 꿈을 날짜와 함께 적어놓으면 목표가 되고, 목표를 잘게 나누면 계획이 되며, 그 계획을 실행에 옮기면 현실이 된다. 부의 격차보다 무서운 것은 꿈의 격차라고 한다. 물감이 없으면 그림을 못 그리듯, 꿈이 없으면 미래를 그릴 수 없다.

사람의 미래는 그의 재능에 의해서가 아니라 그의 마음속으로 생생하게 그리는 꿈에 의해 결정된다. 사람들은 재능과 노력이 성공을 가져다줄 것으로 생각한다. 그러나 성공을 불러들이는 것은 생생하게 꿈을 꾸는 능력에 달렸다. 생생한 꿈이 경쟁력의 밑바탕이 되는 셈이다.

공짜는 없다

우리 속담에 공짜에 관한 것이 많다. 공짜라면 무엇이든 마신다고 하지 않는가. 그러나 공짜에 현혹되어 그 뒤에 숨은 유혹의 함정을 미쳐 깨우치지 못할 때가 있다. 이것은 인간 감성의 한계인지도 모른다.

이 세상은 자연적인 주고받음Give and Take의 원리로 작동한다. 꽃이 나비에게 꿀을 주면 나비는 꽃가루를 옮겨주어 많은 열매를 맺게 한다. 주는 것이 없으면 받는 것도 없는 것이 자연의 순리이다. 즉 공짜는 없다는 것이다.

고대 헬라의 한 왕은 40여 년 동안 전쟁 없는 태평성대를 누리게 되었다. 온 백성은 편안했고 당연히 왕권도 튼튼했다. 그는 또한 역사에 남을 성군이 되고 싶었다. 왕은 주변의 박사들과 지혜로운 사람들을 불러 모아 "내가 인류 역사에 남을 위대한 성군이 되고 싶으니, 연구하여 그 지혜를 책으로 써 오라."고 했다.

1년이 지나 박사들은 12권의 책을 써왔다. 왕은 너무 많으니 또 한 권으로 줄여오라고 했다. 연구 끝에 다시 한 권으로 만들어 갖다 올리니 "이것도 많다. 다시 한 장으로 만들어라."고 명령했다. 다시 한 장으로 만들어 올리니 왕은 "이것도 복잡하다. 한마디로 요약하라."고 했다. 그러자 한 지혜로운 사람이 한마디로 대답했다. 그 한마디 말은 바로 "공짜는 없다."였다고 한다.

지난 수백 년 동안 이 한마디 말에 세계가 나누어지고 인류가 다투어 왔다. "공짜는 없다."는 것은 자본주의요, "공짜는 있다."는 것은 사회주의요 공산주의다. 문제는 하나는 생산의 문제요 다른 하나는 분배의 문제라는 것. 오늘날에도 분배냐? 생산이냐? 이것을 가지고 싸우고 있다.

인류에게는 골고루 잘사는 세상을 만들고 싶은 오랜 염원이 있다. 훌륭하고 이상적인 생각이다. 세상을 골고루 평등하고 잘 살게 하겠다는 주장에는 크게 두 가지가 있었다.

첫째는 정도正道로 가면 골고루 잘살게 된다는 원리이고, 또 다른 하나는 정도正道에서 벗어나면서 잘살게 하겠다는 것이다.

그런데 이 중 두 번째 주장이 문제다. 인류 역사를 보면 골고루 못사는 망국의 길을 택한 경우가 많다. 왜냐하면 망국의 길은 듣기에는 그럴 듯하며, 국민을 속이기 쉽고, 따라서 대중적 인기가 높기 때문이다. 포퓰리즘이 바로 그 망국의 길이다. 포퓰리즘으로 경제가 추락한 대표적 나라가 아르헨티나, 그리스, 베네수엘라다. 이

나라들은 무상복지의 확대로 재정이 악화하여 외환위기를 겪고 불량국가로 전락했다.

우리나라도 무상복지가 확대되면서 포퓰리즘에 대한 우려가 높아지고 있다. 현재 초·중학교에 무상급식이 실시되고 있고 고등학교까지 확대되는 추세다. 얼마 전까지만 해도 무상급식에 대해 지자체마다 찬반 논란이 있었으나 최근 들어서는 대부분이 찬성하는 방향으로 돌아섰다. 복지 차원에서 무상급식을 선호하는 사람들이 증가했기 때문이다.

하지만 초·중·고 학생 모두에게 일률적으로 무상급식을 실시하는 것은 장기적인 관점에서 냉정하게 검토할 필요가 있다. 무상급식은 막대한 예산이 들어갈 뿐만 아니라 학생들에게 미치는 교육적인 효과도 고려해야 한다.

무상급식에 관해 선진국은 어떤 입장일까. OECD 회원국 중, 학교 급식제도를 운영하는 나라는 핀란드와 미국 등 20개국이고, 캐나다와 네덜란드 등 11개국은 전혀 운영하지 않는다. 이 중 사립학교까지 포함하는 전면 무상급식을 실시하는 나라는 스웨덴과 핀란드, 두 개 나라뿐이다. 미국과 영국은 공립 초·중·고등학교에서 사회보호 대상자들만을 위한 선별적 무상급식을 실시하고 있고, 일본은 공립학교는 무상급식을 하는 것을 원칙으로 하고 있다.

무상급식은 무상복지의 하나의 예에 불과하다. 무상복지에 대한 수요는 아동, 청년, 중장년, 노인 등 각 계층에 다양하게 걸려 있다. 무상복지에 대한 요구가 봇물처럼 터져 나오면 재정이 감당하기 어렵게 된다. 한번 허용된 복지는 거두어들일 수 없다는 사실을 잊어서는 안 된다. 아직까지는 우리나라의 재정건정성이 높아 큰 문제가 없지만 계속해서 무상복지가 빠른 속도로 확대된다면 그리스나 베네수엘라처럼 '포퓰리즘의 함정'에 빠질 수 있다는 전문가들의 지적을 귀담아들을 필요가 있다.

"공짜 점심은 없다."라는 유명한 말을 남긴 노벨 경제학 수상자 밀턴 프리드먼은 "정치 지도자들이 돌을 빵으로 만드는 기적을 행할 능력이 없는 한, 공짜 점심을 주겠다는 말은 결국 다른 사람의 호주머니에 든 돈을 자신의 호주머니로 옮겨 주겠다는 것이다. 이런 꼬임에 넘어갈수록 경제가 엉망이 되어 자신들은 더 빈약해진다. 더 큰 보따리의 공짜 점심을 약속하는 사람일수록 의심해야 한다."라고 했다. 설사 공짜처럼 보여도 내가 혹은 누군가가 지금 혹은 나중에 그 비용을 지불해야 한다.

우리가 공동체생활을 하다 보면 개인이 해야 될 일과 국가가 해야 할 일이 구분되어 있다는 것을 알 수 있다. 치안, 국방, 교육 등 개인이 할 수 없는 일들은 국가가 세금을 거두어 대신해 준다. 그러나 국가가 한계를 넘어 개인생활까지 책임지겠다고 나온다면 그 부담은 점점 늘어날 수밖에 없다.

공짜 점심은 국민의 의식수준에서 단순하게 점심 문제로 끝나지 않는다. 의식주를 포함해 모든 것을 국가가 책임질 것을 당연하게 여길 때 개인의 독립성, 선택의 자유, 다양성, 창의성은 사라지고 의타적인 인간만이 넘치게 되고, 이에 비례하여 국가의 간섭이 심해지고 개인의 자유와 존엄은 사라진다.

인간이 가장 소중하게 생각하는 인권 중 자유의 가치는 생명과도 같은 것이다. 이 소중한 자유도 공짜로 얻어지지 않는다. 미국 워싱턴 D.C.의 6·25전쟁 기념관에 있는 비석에는 큰 글자로 이렇게 쓰여 있다.

"Freedom is not free(자유는 공짜가 아니다)."

자유는 거저 주어지지 않는다. 우리가 누리는 자유를 위해 수백만 명이 죽고 미국 군인 3만 7천여 명이 숨졌다. 이 많은 사람들의 희생 위에 오늘 우리가 자유를 누리고 있는 것이다.

우리는 때때로 심지 않고 거두려는 공짜 심리의 유혹에 빠지기 쉽다. 봄에 씨앗을 심어야 가을에 열매를 거둔다.

"심는 것이 먼저고 거두는 것이 나중이다."라는 이 평범한 진리를 망각하는 어리석음을 범하지 말자.

나는
할 수 있다

2015년 8월, 리우데자네이루 하계 올림픽이 막을 내렸다.

우리를 울고 웃게 하며 진한 감동을 준 스포츠 축제였다. 금메달 10개 이상을 획득하겠다는 목표를 이루지는 못했지만 올림픽에 참가한 우리 선수들은 그동안 갈고닦은 기량을 유감없이 발휘했다.

누구도 넘볼 수 없는 올림픽 8연패의 신화를 이룬 여자 양궁팀은 우리의 가슴까지 시원하게 해 줬다. 여자 골프에서 금메달을 딴 박인비 선수는 막판 최고의 감동을 선사했다. 손가락 부상에도 샷 하나하나에서 보여준 집중력은 '골프여제'라는 찬사를 받기에 충분했다.

특히 펜싱의 박상영 선수는 스포츠 사에 길이 남을 감동을 전해 주었다. 경기 초반 세계적 검객인 헝가리 임레 게저 선수의 노련한 공격에 10대 14까지 뒤졌지만 포기하지 않고 끈질기게 도전해 연속 5점을 얻으며 우승을 거머쥐었다. 끝까지 맞서는 담대함이 승리의 견인차였다. 1점만 뺏기면 패배하는 절체절명의 순간에도 그는 혼잣말로 '할 수 있다, 할 수 있다!'를 되뇌었다. 그러한 모습은 불굴의 한국 젊은 스포츠인의 정신력을 상징하는 한 장면으로 기록될 것이다.

올림픽에서 금메달을 따는 슈퍼엘리트Super Elite와 메달을 따지 못하는 선수는 훈련과정, 정신자세, 마음의 상처Trauma를 이겨낸 경험 등에서 차이가 있다고 한다. 슈퍼엘리트는 훌륭한 스승 아래서 오랜 시간 피땀 흘려 기량을 갈고 닦았다.

미국의 심리학자 앤더스 에릭슨은 그의 저서 『최고봉Peak』에서 슈퍼엘리트는 모두 지독한 연습벌레라고 했다. 체스 챔피언, 음악의 거장, 세계적 운동선수가 정상에 오른 과정을 분석한 이 책은 "슈퍼엘리트가 최고봉이 된 것은 계획적 연습을 했기 때문이다."라고 결론지었다.

스포츠 심리학자들도 뛰어난 선수가 되려면 타고난 신체조건만으로 불충분하다는 연구결과를 내놓고 있다. 세계적 선수는 일반 선수들과는 달리 훈련에 임하는 정신적 자세가 진지하고 절실하다. 이들 최고의 선수들은 몰입Flow이라는 경험을 더 많이 한 것으로 나타났다.

미국의 심리학자 칙센트 미하이는 몰입은 어떤 일에 집중해 완전히 몰두했을 때의 의식 상태를 말한다고 했다. 마음이 몰입 상태가 되면 물 흐르는 것처럼 자연스럽고 편안한 느낌을 갖게 된다는 뜻에서 'Flow'라고 했다.

성공이란 재능의 결과인가, 노력의 열매인가. 이를 둘러싼 학설도 분분하다.

"할 수 있다."는 긍정적 메시지로 리우올림픽 펜싱에서 금메달을 딴 박상영 선수, 그는 "어려서부터 운동을 좋아했지만 잘하지는 못했다. 선천적 재능은 기껏해야 1~2% 정도"라고 말했다. 그렇다고 천부적 체격을 타고난 것도 아니었다. 그는 14세 때 펜싱을 시작한 뒤 3년간 하루 6시간만 자면서 1년 365일 단 하루도 쉬는 날이 없이 훈련했다. 초인적인 노력이 지속 가능했던 것은 펜싱을 좋아하고 즐겼기 때문이다.

"지지자 불여호지자知之者 不如好之者 호지자 불여낙지자好之者 不如樂之者." 즉 아는 사람은 그것을 좋아하는 사람만 못하고, 좋아하는 사람은 그것을 즐기는 사람만 못하다는 공자의 말씀 그대로였다.

재능과 노력은 양자택일의 문제가 아니다. 노력만으로 누구나 최고가 되는 것도 아니고 재능만 갖고 저절로 되는 일도 없다. 누구나 자기가 좋아하는 일을 꾸준하게 인내심을 갖고 성실하게 노력하면 무엇이든지 이룰 수 있다는 것이 세상의 이치다.

2018 평창 동계올림픽에서 윤성빈 선수는 스켈레톤에 입문한 지 5년 5개월 만에 금메달을 목에 걸어 세계 랭킹 1위에 올랐다. 트랙을 빠르게 내려오기 위해 체중을 늘리려고 하루 8끼를 먹고, 보통 하루 2~3차례인 주행훈련을 8차례나 강행하는 혹독한 훈련과 근성으로 인간승리를 이루었다.

또한 의성 여중·고 출신으로 구성되어 '의성 마늘소녀들'이라 불리는 여자 컬링 대표팀은 세계 1, 2위의 캐나다와 스위스에 이어 세계 4위 컬링 종주국인 영국까지 연파하는 돌풍을 일으켰다. 고등학교 1학년 때 방과 후 활동으로 시작한 김영미, 김은정, 김경애 등 전원이 학교 선후배, 친구, 자매로 구성된 팀이다.

우리 선수들은 변변한 장비나 제대로 된 훈련 코스가 없는 어려운 여건 속에서도 진정한 아마추어 정신과 자신들의 한계를 뛰어넘는 땀과 노력으로 평창 설원을 달구었다. 한국인의 '하면 된다!'는 도전정신이 면면히 이어지고 있음을 보여준 쾌거가 아닐 수 없다.

PART 4

더불어 사는
행복한 삶,
소통하라

마음 문을 여는 기술,
경청

　우리는 사회생활을 하면서 사람의 마음을 사로잡는 말 한마디가 얼마나 중요한지를 느낄 때가 많다. 듣는 사람보다 말하는 사람이 더 많은 현실에서 가만히 상대에게 귀기울여 듣는 것이 얼마나 중요한 소통의 지혜인지 모른다.

　말을 잘하는 것도 중요하지만 다른 사람의 마음 문을 여는 소통, 공감능력을 가지는 것이 더 중요하다.

　세계적인 석학 피터 드러커는 "현대인에게 가장 필요한 능력은 자기 표현력이며, 경영이나 관리는 커뮤니케이션에 의해 좌우된다."라고 강조했다.

　커뮤니케이션은 말하기가 아니라 잘 들어주는 경청傾聽에서 출발한다. 말을 잘하려면 먼저 남의 말을 잘 들어주어야 한다. 성공적인 커뮤니케이션 법칙 중 '123법칙'이 있다. 한 번 이야기하고, 두 번 남의 이야기를 들어주고, 세 번 끄덕여 주는 것이다.

공감 능력을 갖춘 대표적인 인물은 미국에서 가장 영향력 있는 여성 리더인 오프라 윈프리다. 오프라 윈프리가 쇼를 진행하는 1시간 동안 자신이 말하는 시간은 10분 정도뿐이다. 나머지 대부분의 시간을 할애해서 상대방의 이야기를 경청하고, 눈을 맞추고, 고개를 끄덕여 주고, 질문을 던지고, 또 사람을 끌어안는다. '공감과 치유'의 힘을 가지고 커뮤니케이션을 실천하는 사람이다.

신이 인간에게 한 개의 입과 두 개의 귀를 준 것은 말하는 것보다 2배 이상 들으라는 뜻이다. 대화에는 단순히 말하는 것 이상으로 듣는다는 의미가 있다. 경청은 단순히 말하지 않고 듣기만 하는 것이 아니라, 상대방의 진심을 믿고 받아들인다는 의미이며 나의 마음 중심이 상대방에게 향하는 것이다.

리더의 덕목 중에서 경청은 가장 중요한 요건 중에 하나다. 남의 말을 귀기울여 듣는 것이 결코 쉬운 일은 아니다. 상당한 노력과 정성이 필요한데, 그 바탕에는 참고 견디는 인내심이 있어야 한다. 좋은 말도 여러 번 들으면 짜증이 나는데 싫은 말이야 더 말할 필요가 없다. 하지만 리더라면 그런 소리도 참고 들어야 한다. 판단은 그 다음의 문제다. 듣는 것이 안 되면 소통이 이루어지지 않기 때문이다.

객관적인 정세를 판단함에 있어 귀가 결정적 역할을 한다. 귀 때문에 흥망성쇠가 갈라지고 운명이 바뀐 역사적 사례는 무수히 많다.

『삼국지』에 나오는 유비는 귀가 유난히 컸다. 귀가 밝았다는 이야기다. 사실 유비의 지도력은 특별한 것이 었다 그러나 그는 귀가 좋았다. 즉 남의 이야기를 경청할 줄 아는 덕성 때문에 장비와 관운장 같은 명장을 거느렸고, 제갈량 같은 불세출의 참모를 옆에 둘 수 있었다. 귀가 여리거나 얇았다면 간신들의 이간질이나 아첨 때문에 그런 명장과 참모가 남아 있을 수가 없다. 제갈량이 끝까지 유비를 보필했던 이유는 유비가 말귀를 들을 수 있는 귀를 가졌기 때문이다. 유비는 입으로 정치를 한 것이 아니라 귀로 정치를 했다. 그것이 유비의 미덕이다.

아라비아 속담에 "듣고 있으면 내가 득이 되고, 말하면 남이 이득을 얻는다."라는 말이 있다. 남의 말을 듣기란 내가 말하는 것보다 힘든 일이다. 그 괴로움을 참고 마음과 눈까지 동원해 진지하게 귀기울이면 상대방의 마음을 얻을 수 있다. 누군가를 설득하는 가장 좋은 방법은 그 사람의 말을 귀담아 듣는 것이다.

말을 배우는 데는 2년이 걸리지만 침묵을 배우는 데는 60년이 걸린다고 한다. 공자도 나이 육십이 되어서야 귀를 열고 순하게 듣는 이순耳順의 경지에 도달했다고 한다. 그러니 세속의 사람들이 제대로 듣기란 얼마나 어려운 일이겠는가.

말이 길고 장황하다면 그것은 말하는 사람조차 이해하지 못하고 있다는 증거다. 러시아의 대문호 톨스토이는 사람의 지혜가 깊으면 깊을수록 생각을 나타내는 말은 단순하다고 했다.

말하는 것도 중요하지만 이것 못지않게 중요한 것이 있다. 바로 간결하고 쉽게 이야기하는 단순한 메시지의 힘이다. 미국의 작가 마크 트웨인이 "설교가 20분을 넘기면 죄인도 구원받기를 포기해 버린다."라고 한 말을 귀담아 들을 필요가 있다.

경청은 귀로만 하는 것이 아니라 눈으로도 하고 입으로도 하고 손으로도 한다. 사람을 만났을 때 상대방에게 영향을 주는 요소 중에 언어 요소는 고작 7%에 불과하고, 비언어 요소인 청각·시각 요소 등이 93%를 차지한다는 연구 결과도 있다. 상대의 말에 귀 기울이고 있음을 계속 표현해야 한다.

몸짓과 눈빛으로도 반응을 보이는 게 좋다. 서양에서는 눈을 맞추지 않으면 이야기를 하지 않는 것과 같다고 생각할 정도다. 그만큼 대화에서 눈을 맞추는 일을 중요시하는데, 동양에서는 상대방이 이야기할 때 눈을 똑바로 쳐다보면 예의에 어긋나는 것으로 경계하기도 한다.

"말이 고우면 비지 사러 갔다가 두부를 사간다."라는 속담처럼 말에는 어떤 힘이 있다. 상대를 설득하는 효과적인 말하기, 상대를 진정으로 이해하는 경청의 기술로 우리 모두 소통의 달인이 되도록 노력해야 한다. 개인이든 조직이든 "소통이 경쟁력이다."라는 평범한 진리를 곱씹어 보자.

21세기 리더는
소통의 대가여야 한다

　인류가 사회생활을 시작한 이래 리더십은 항상 그 집단의 미래를 좌우해 왔다. 지금은 시스템이 갖추어져서 잘 돌아가게만 하면 리더십의 역할이 줄어든다는 주장도 있으나 사실은 그렇지 않다. 리더십은 시스템의 '효율성'뿐만 아니라 시스템이 돌아가는 '방향'까지 정하는 힘을 가지기 때문이다.

　리더는 공동의 목표를 달성하기 위해 다른 사람의 지지와 도움으로 사회적 영향력을 얻고, 사람들은 그가 가진 높은 가치와 신뢰를 믿고 그를 따르게 된다. 리더는 꿈과 이상을 제시하고 구성원의 목적과 동기, 의지를 고취시켜 구성원들이 스스로 몰입하도록 만든다.

　모든 조직의 리더가 가져야 할 첫 번째 덕목은 세상을 보는 가치관, 즉 세계관이다. 세계관은 자신이 속해 있는 사회적 관계 속에서 형성된다. 또 하나의 덕목은 역사관이다. 인간의 모든 역사는 변화, 발전의 연속임을 생각한다면 시대의 지도자는 역사의 흐름 속에서 진리를 터득하고 현실을 냉정하게 바라보며 미래 비전을 제시해 줄 수 있어야 한다. 이 시대가 요구하는 진정한 지도자는 글로벌 마인드와 뚜렷한 역사관, 강력한 의지와 추진력을 지녀야 한다.

세상이 무섭게 변해 과거의 틀로는 대응할 길이 없다. 정보는 넘치지만 불확실성은 더해지고 예측이 불가능하니 불안은 증폭된다. 과거의 리더는 혼자 출중해도 됐지만 오늘의 리더는 그럴 수 없다. 능력에 관계없이 공감과 지지를 얻어내지 못하면 성공도 할 수 없다.

시대와 장소에 따라서 존경받는 리더십의 모습도 달라져 왔다. 고대 중국 전국시대에는 예禮와 인仁을 갖춘 리더가 필요했고, 21세기 디지털시대에는 변화와 창조를 중시하는 리더를 원하고 있다.

"군주가 사랑을 받는 것과 두려움의 대상이 되는 것 중 만일 하나를 선택해야 한다면 사랑받는 것보다 두려움의 대상이 되는 편이 훨씬 안전하다. 인간은 두려워하던 자보다 애정을 느끼던 자에게 더 가차 없이 해를 입힌다. 원래 사람은 이해타산적이어서 단순히 은혜로 맺어진 애정 흐름은 자기와 이해관계가 부딪치는 기회가 생기면 즉시 끊어버리기 때문이다."

500여 년 전 마키아벨리가 『군주론』에서 한 말이다. 사랑받으면 자칫 하찮아 보이기 쉽고 두려움만 주면 동기부여가 되지 않는다. 조직의 생존과 발전이 현실론과 이상론의 합주곡이듯이 리더십도 사랑과 두려움의 합주임을 마키아벨리는 일찍이 통찰하고 있었다.

21세기 지식정보화시대, 감성시대에 생존 발전하기 위해서는 새로운 패러다임이 필요하다. 최근 경영학계에서는 카리스마, 권위, 통제를 내세우는 전통적 리더십에 대한 대안의 하나로 서번트 리더십Servant Leadership을 제시하고 있다.

피터 드러커는 그의 저서 『미래경영』에서 "현재와 같은 지식경제 시대에는 기업을 비롯한 여러 조직에서 상사와 부하의 구분이 없어지며, 지시와 감독은 통하지 않는다."라고 말했다. 그는 "리더가 부하들보다 우월한 위치에서 부하들을 이끌어야 한다는 기존의 리더십은 이제 부하들을 위해 헌신하고 부하들의 리더십 능력을 길러주기 위해 노력하는 '서번트 리더십' 위주의 패러다임으로 전환해야 한다."라고 강조했다.

외향적인 리더, 카리스마형 리더에게도 분명 장점이 있다. 하지만 다른 사람의 좋은 아이디어를 놓치거나 직원들을 수동적으로 만드는 것, 외부 위험을 과소평가하는 단점도 있다. 2008년 세계 금융위기 역시 브레이크를 밟아야 할 때 가속 페달을 밟는 카리스마형 리더에 기인한 바가 크다. 이제는 리스크Risk 관리가 정말 중요해졌다. 글로벌 경제위기는 리스크 요인을 간과하거나 놓쳤기 때문에 발생했다. 과거의 리더들은 성장과 수익성, 경쟁 등에 지나치게 집중했다. 이제 리스크를 제대로 관리하지 않으면 미래에는 순식간에 큰 타격을 입게 될 것이라는 점을 리더들은 알게 됐다.

이제 "나를 따르라."는 통하지 않는다. 리더십의 종말인 셈이다.

예전의 리더십을 고집해서는 안 되고 시대에 맞는 새로운 리더십을 갖춰야 한다.

리더십의 본질은 비전과 신뢰이다. 시대가 원하는 스타일을 연결하는 개방성이 중심이다. 리더는 맨 앞에 선 사람, 그리고 최종 책임을 지는 사람이다. 맨 앞에 서 있기 때문에 어디로 갈지를 알려줘야 한다. 그것이 비전이다. 무리 속에 속한 개인들이 미처 생각하지 못하는 먼 곳까지 볼 수 있어야 하고, 큰 꿈이 있어야 한다.

한국 기업은 새로운 성장동력을 찾는 것을 도전과제로 삼아야 한다. 이를 위해서는 리더가 소통의 대가Master Communicator가 되어야 한다. 리더는 직원들에게 왜 신사업이 필요한지를 명확하게 설명할 수 있어야 한다. 그렇지 않으면 직원들이 신사업에 자발적으로 헌신하지 않을 것이기 때문이다.

토론을 통해서 직원들을 올바른 방향으로 이끌어야 한다. 리더가 모든 사람을 자기편으로 끌어들이지 못할 수도 있다. 그러나 최소한 직원들에게 "나는 다른 의견이지만 리더의 의견을 존중한다."라는 반응은 얻어낼 수 있어야 한다.

좋은 리더가 되기 위해서는 10분 뒤와 10년 뒤를 동시에 생각해야 한다. 감성 리더십으로 소통하고, 리더의 인격을 먼저 다듬고 스스로 불태우는 열정을 보여주어야 한다.

리더의
책읽기

옛날 사람들은 깊어 가는 가을밤에 등불의 심지를 돋우고 책을 읽었다. 중국의 최고 시인으로 시성詩聖이라 불리는 두보杜甫는 자신의 시를 통해 "남아수독오거서男兒須讀五車書" 즉 남자는 다섯 수레의 책을 읽어야 한다고 했다. 당시의 책이 죽간竹簡에 쓰였다는 것을 감안하더라도 적은 양이 아니다.

흔히들 책 속에 길이 있다고 한다. 인생이 책 한 권으로 바뀌지는 않겠지만, 책으로부터 삶의 지혜를 얻고 성찰의 기회도 갖게 되기 때문이다.

독서는 습관이다. 음악이든, 여행이든 일단 자기가 좋아하는 분야의 책부터 읽는 것이 좋다. 읽고 좋으면 다시 책을 사게 되므로 독서 습관을 쉽게 가질 수 있다. 책에서 받은 감동은 실제 삶을 긍정적으로 보게 하는 데 도움이 된다.

대부분의 리더들은 사람들과의 대화에서 아이디어를 얻기도 하지만 주로 책이나 신문 등 활자 미디어를 통해 인생과 경영 그리고 생활의 지혜를 얻는다. 대화의 내용을 온전히 기억한다는 것은 어쩌면 인간의 능력으로는 불가능하다. 읽어서 이해하고 그것을 다시 읽어 제 것으로 만드는 것이 자연스러운 지식습득 방법이다.

일본의 소프트뱅크 손정의 회장은 젊은 시절 건강검진에서 만성 간염을 진단받아 길게 잡아도 5년 이상 생존을 장담할 수 없다는 판정을 받았다. 3년 반 동안 입원과 퇴원을 반복하면서 그가 읽은 책이 4천여 권이나 되었다. 그는 독서를 통해 평생의 지식습득을 하였다고 말했다. 소프트뱅크 특유의 경영전략은 이때에 창안되었다고 한다. 『손자병법』을 깊이 읽고 자기 식대로 소화해 '손의 제곱 병법'을 만듦으로써 지는 싸움을 하지 않았다.

전투는 도박이 아니다. 과학이며 이론이라고 했다. 싸우지 않고 이기는 기업 인수·합병M&A이 바로 그것이다. 리더는 변화를 읽을 수 있는 통찰력과 선견력 그리고 현실 인식이 있어야 한다. 이를 얻기 위해서는 문학, 역사, 철학서를 많이 읽어야 한다.

서양속담에 "생각을 심으면 행동을 거두고, 행동을 심으면 습관을 거두고, 습관을 심으면 인격을 거두고, 인격을 심으면 운명을 거둔다."라고 했다. 모든 것의 근원은 생각이라는 말인데 이 생각의 원천이 바로 책이다. 콩나물시루에 물을 주면 물은 금세 다 빠져버리지만 콩나물은 조금씩 자란다. 책을 읽는 것도 마찬가지다.

당장은 다 기억하지 못해도 독서가 일상화되면 그것이 나중에 훌륭한 직관과 통찰력으로 발현된다.

독서 외에는 왕도가 없다. 1950년 노벨 문학상을 받은 영국의 철학자 버트런드 러셀은 "내게 양서良書를 알게 해 주는 사람이 있었다면 이렇게 오랜 시간에 걸쳐 시행착오를 겪지 않았을 것"이라고 말했다.

베스트셀러 『리딩으로 리더하라』의 이지성 작가는 인문고전을 문文, 사史, 철哲로 분류하여 설명했다. 베스트셀러를 '도라지'라고 한다면 인문고전은 '산삼'이라고 비유했다. 인문고전은 수천 년의 세월 동안 우리에게 영향을 끼치는 책들이라고 하면서 지금까지 도라지를 먹었다면 이제는 이천 년, 삼천 년 된 지혜의 산삼을 먹어보자며 인문고전을 필독할 것을 추천했다.

삼성그룹 창업자 이병철 회장은 『논어』 예찬론자로 유명하다. 그는 아들 이건희 회장에게 '경청'이라는 휘호와 목계木鷄를 남겼다. 목계는 『장자』에 나오는 우화 속에 등장한다. 잘 훈련된 싸움닭은 허장성세가 심하거나 상대 닭을 보면 싸우려 하는 닭이 아니라, 마치 목계와 같이 상대 닭이 살기를 번득이며 싸움을 하려 달려들다가도 덕이 충만한 모습에 눌려 등을 돌리고 도망치게 되는 닭이라고 한다.

이병철 회장은 목계에 비유하여 경영에 대해 이야기했고, 이건희 회장은 아버지로부터 동양고전을 통해서 삼성을 경영하라는 유언을 받았던 것이다.

공병호 경영연구소 소장도 "딱 한 번 살다가 저세상으로 간다면 좋은 음악과 좋은 그림을 감상하는 것처럼 천재들이 남긴 걸출한 고전을 탐구하고 가는 것이 내가 가진 소박한 바람"이라고 했다.

독서는 과정을 즐기는 행위다. 침대 머리맡이나 손을 뻗으면 닿을 만한 곳에 책을 두어 아침저녁으로 매일 책을 대하고 메모해 보자. 시간이 날 때 독서한다는 것은 불가능에 가깝다. 책은 모든 학문의 어머니다. 책을 통해서 책과 더불어 살아갈 때 보람 있는 삶이 될 수 있다.

이 세상에 가장 아름다운 창조물은 인간이고, 인간의 모습 중에서도 가장 아름다운 것은 바로 독서하는 모습이라고 하지 않는가. "리더Leader는 리딩Reading으로 리드Lead한다."는 말을 잊지 말자.

다문화의
길

　우리나라도 본격적인 다문화 사회로 접어들었다. 2016년 기준
으로 우리나라에 들어온 외국인 근로자는 142만 5,000명, 결혼 이
주자는 15만 605명, 유학생 10만 4,262명으로 국내 체류 외국인
은 200만 명이 넘었다.

　농촌 초등학교의 1/3 이상이 다문화 자녀이고 농촌지역에서 결
혼한 10쌍 중 4쌍이 국제결혼이다. 이 숫자는 앞으로도 빠르게 지
속적으로 증가할 것이라고 한다. 단일민족을 강조해 온 우리는 이
제 한국 사람들끼리 뭉칠 게 아니라 다른 인종사회에 더 적극적인
관심을 보여야 할 때다.

　그러나 우리에게는 문화와 전통이 다른 민족을 일상생활에서 경
시하고 외국인과의 결혼과 혼혈아동에 대해 냉대하는 경향이 있
다. 이런 것은 우리 국민이 자부하고 있는 혈통에 근거한 단일민족
의식에 따른 것이다. 개방과 세계화가 급속히 진행되고 있는 시대

에 외국인이 살기 어려운 세상이 되어서는 안 된다.

2009년 스위스 국제경영원IMD이 조사한 외국문화 개방도 순위를 보면 57개국 중 한국은 56위를 차지했다. 오늘과 같은 글로벌화 시대에 폐쇄적인 문화는 국가 발전을 저해한다. 사회의 개방성과 외국인에 대한 관용성은 국가 안전에 도움이 된다는 사실을 공감하고 인식을 맞추어 나가는 것이 필요하다.

『로마인 이야기』의 저자 시오노 나나미는 로마인이 대제국을 건설한 비결을 로마의 개방성에서 찾았다. 나와 다른 문화를 배척하지 않고 상대를 포용해 문화의 다원성으로 완성시킨 로마인들의 개방성이 대제국으로 성장할 수 있는 길을 열어 줬다는 것이다.

2018년 러시아 월드컵 축구에서 프랑스가 우승을 차지하여 세계의 이목을 집중시켰다. 우승의 원동력이 어디에 있었을까. 인종적·문화적 다양성이다. 전체 선수 23명 중 15명이 아랍계와 아프리카계의 가난한 이민자 가정 출신이다. 이들을 포용함으로써 세계 최강의 팀을 구축할 수 있었던 것이다.

글로벌 시대의 화두는 유목하며 새로운 것을 창조해 내는 뜻을 지닌 노마디즘Nomadism이다. 프랑스 사회학자 자크 아탈리는 21세기에 이미 5억 명 이상의 사람들이 일자리를 찾거나 정치적 이유에서 자발적 노마드의 길로 들어섰다고 말한다.

다문화 가정의 자녀는 2006년 2만 5,000명에서 2017년 10만 9,300명으로 갈수록 그 숫자가 늘어나고 있다. 10년, 20년 뒤에 다문화 가정에서 성장한 사람의 숫자가 수백만 명으로 늘어날 것이라고 한다. 이들 중 중도에 학업을 포기한 숫자가 이미 2만 명 이상이나 된다고 한다.

이들이 제대로 된 일자리를 찾지 못하거나 낙오가 되어 사회에 대한 불만과 적개심을 갖게 된다면 10년 뒤 프랑스판 인종폭동이 우리나라에서도 재연될 수 있다. 지금부터 이들에 대한 관심과 대책이 필요하다.

우리나라 혼인 건수 가운데 11%는 다문화 가정이다. 이미 농촌에서는 이주여성이 동네이장으로 활발하게 활동하고 있으며, 2010년 6·2 지방선거에서 경기도 광역의원으로 당선된 몽골댁 이라 씨는 다문화 정치인 1호로 기록됐다. 앞으로 이주여성의 사회적, 정치적 활동은 크게 늘어날 것이다.

미국 기업 구글, 야후, 인텔, 애플 등 첨단 기업이 모여 있는 서부 실리콘 밸리의 성장동력은 다문화라고 한다. 실리콘 밸리의 과학자와 엔지니어 중 약 50%는 이민자다. 인종과 국적이 아닌 오로지 실력만으로 기회가 부여되는 실리콘 밸리의 다문화 전통은 전 세계 인재를 빨아들이는 힘이다. 미국 IT기업에 도전정신이 넘치는 것은 미국 사회 특유의 개방성과 혼혈주의가 한몫을 했다고 본다.

삼성전자 윤종용 전 부회장은 현재 상주하는 외국인 외에 추가로 10~20년 사이에 200만 명의 이민자를 더 받아야 한다고 말했다. 그 근거로 한국은 인구감소와 고령화로 인해 생산 가능 인구가 감소하고 있기 때문이다. 사회가 개방되고 이문화가 유입돼 혼혈

사회가 되어야 발전하고 글로벌화 된다. 발전하는 창의적인 사회와 조직은 혼혈사회라고 하였다.

　우리의 무역의존도가 80%를 넘어서고 세계화가 우리 경쟁력의 원천인 현실을 감안하면 배타적이고 국수적인 감정은 국가발전에 장애가 될 뿐이다. 어느덧 다문화 사회로 접어든 우리가 문화의 다원성을 통해 세계화 시대에 주인공으로 우뚝 설 수 있기를 기대해본다.

말 한 마디

사람과 사람의 관계를 맺어주는 끈이 말틀이다. 사람은 누구나 말을 통해 생각과 마음을 표현한다. 말은 그 사람의 인격을 표현하는 거울이다. 지혜로운 사람은 말을 통해 자신의 품위를 드러내고 다른 사람들과 좋은 관계를 유지한다. 눈에 보이지 않지만 말은 인간의 삶에 큰 영향을 미친다. 말은 버릇이며 습관이다. 버릇이나 습관은 여러 번 거듭해 저절로 마음이나 몸에 굳어버리기 때문에 좋은 말, 희망적인 말, 긍정적인 말을 사용해야 한다.

라틴어 '베네딕시오Benedictio'는 축복을 뜻한다. '좋은Bene'과 '말하기Dicree' 두 단어의 합성어인데 긍정적인 마음으로 상대방에게 좋은 말을 해주는 것이 '축복'이라는 의미다. 말은 그 사람의 인격의 잣대가 되기도 한다. 아무리 가까운 사이라 하더라도 말은 조심하는 것이 중요하다. 대체로 사이가 멀어지는 것은 말 한 마디 잘못 쓰는 데서 비롯되는 경우가 많다.

　세상을 살아가면서 우리는 숱한 말을 입에 올리고 산다. 말은 입 밖에 나오는 순간 스스로 살아 움직이는 생명체처럼 사람의 인생에 영향을 미친다. 한 마디 말이 사람을 살리기도 하고 죽이기도 한다. 또 한 마디 말이 남의 가슴에 상처가 되는 경우가 많다.

　반대로 좋은 말 한 마디는 사람의 인생을 바꿀 수도 있다. 좋은 말에는 깊은 감화력이 있어 상대방의 심신에 긍정적인 영향을 미친다. 좋은 말의 파장은 음악처럼, 향기처럼 멀리 퍼져나가고 오래 도록 지속된다.

　말을 잘하기 위해서는 상대방의 말을 잘 듣는 경청의 지혜가 필요하다. "말하는 것이 기술이라면 듣는 것은 예술이다."라는 말도 있지 않은가. 말하는 것은 훈련이나 지속적인 교육으로 그 자질을 키울 수 있다. 하지만 듣는 것은 상대방에 대한 배려나 섬김의 마음가짐이 필요하므로 머리보다 가슴으로 익혀야 하는 것이다. '어떻게 상대방에게 말을 할 것인가?'보다 '어떻게 들을 것인가?'를 고민하는 자세가 먼저 요구되는 이유다.

　대화는 상대방이 있는 상호작용이다. 상대방이 이해할 수 있는 표현으로 다가가지 못하면 이방인의 언어처럼 무의미한 것이 된다. 상대방의 입장에서 들어야 이해하게 된다.

　동서양을 막론하고 옛사람들은 듣기를 지혜의 으뜸으로 여겼다.
　"귀가 둘이고 입이 하나인 것은 많이 듣고 적게 말하기 위한 것"

이라고 그리스의 철학자 제논이 말했다.

내 입에서 나가는 말은 인생의 씨앗이 되기도 한다. 말이 씨가 되어 좋은 결실을 보기도 하고, 나쁜 결실을 보기도 한다.

입은 행복을 부르는 문이 되기도 하고, 재앙을 부르는 문이 되기도 한다. 불경은 입을 조심하고 남을 비판하는 말을 함부로 못 하게 한다. 남을 향한 비판이 고스란히 자신에게 되돌아오는 말의 부메랑 효과를 지적한 것이다. 말을 아끼고 말을 할 때는 좋은 말과 나쁜 말의 씨앗을 가려 파종하지 않으면 안 된다. 내가 뿌린 씨앗이 모두 나의 결실로 돌아올 테니 좋은 말의 결실로 풍요로운 인생을 만드는 것이 중요하다.

기원전 580년 그리스의 철학자 피타고라스는 "수數가 바로 우주의 토대이며 만물의 근본"이라고 믿었다. 그는 우리가 내뱉은 모든 말은 하나도 빠짐없이 특정한 수학 방정식에 의해 우주 공간을 떠돌아다니다가 당사자에게 되돌아간다고 했다. 게다가 나쁜 말일수록 더 빨리 전파되고 언젠가는 반드시 당사자에게 현실로 나타난다는 것이다.

말이란 그 자체로서 힘을 지닌다. 말이 일단 입에서 나오면 그 말이 자신을 지배하게 된다. 말이 가지는 힘이다. 그러기에 하루 일과를 시작하는 아침에 "오늘은 좋은 일이 나를 기다리고 있다."라는 말로 시작해 보자. 가정에서도 일터에서도 좋은 말, 긍정적인 말, 일을 되게 하는 말을 반복함으로써 하루를 시작하자. 그런 말의 반복이 자신의 삶을 성공적으로 이끌어 줄 것이다.

내가 뿌린 말의 열매를 모두 내가 거두어야 한다는 점에서 사람은 말을 경작하는 농부다. 좋은 씨앗을 많이 뿌려 풍요로운 인생을 경작해야겠다.

가슴으로
소통하라

자연의 질서는 한 치의 어김도 없이 서로 맞물려 돌아간다. 계절의 풍성함을 비우고 나목裸木으로 우뚝 선 가지는 봄이 오면 다시 채울 희망을 잉태하고 있다. 채우기 위하여 비우는 자연의 질서는 얼마나 경이로운가.

그러나 채우기 위해 비우지 못하는 우리 사회의 소통의 모습이 아쉽다. 정치하는 사람들은 여야가 소통이 되지 않고, 사회는 30~40대와 50~60대 사이에 대화가 안 된다. 가정은 어른과 아이들 사이에서, 직장은 상하 간의 소통이 되지 않아 잡음이 난다.

소통에 관해서는 앞에서도 반복적으로 언급했지만 마음의 소통에 대해서 구체적으로 살펴보고자 한다. 소통의 본질은 공감이기 때문이다. 신뢰받는 리더들은 권위를 내려놓고 구성원들과 솔직하게 소통한다. 구성원 입장에서 먼저 생각하고 말하는 공감 능력이

탁월하다. 자기의 의사를 말하기보다 구성원의 말을 진지하게 경청한다.

공감Empathy의 어원은 그리스어에서 유래하였다. 즉 다른 사람의 고통 속으로 들어간다는 의미를 가지고 있다. 소통에 있어서는 말을 잘하는 것도 중요하지만 다른 사람 마음의 문을 여는 소통 공감 능력을 가지는 것이 더 중요하다.

소통은 입이 아니라 귀에서 시작된다. 귀를 열어야 마음이 열린다. 성스러울 성聖 자는 귀耳를 먼저 쓰고 그 다음에 입口을 쓴다. 예부터 귀를 먼저 여는 임금을 성군聖君이라 했다. 오늘날과 같은 국민 주권시대에는 더 말할 나위가 없다.

그리스, 로마의 영웅전을 쓴 플루타르크는 "민중을 거스르면 민중의 손에 망하고, 민중을 따르면 민중과 함께 망한다."라고 했다. 대중을 무시하는 소통 결핍과 대중에 영합하는 포퓰리즘을 한꺼번에 꾸짖는 명언이다. 2,000년 전 그리스인의 통찰이 오늘날 우리에게 가볍지 않은 교훈을 던진다.

소통이 어려운 것은 말을 하는 사람은 있지만 듣는 사람이 없는 까닭이다. 가정의 부부 싸움도 상대방의 말을 경청하지 않고 자기 주장만 하기 때문이다. 소통의 키Key는 경청이다. 커뮤니케이션은 자신의 생각과 느낌을 말이나 행동을 통해 상대에게 전달하는 기술이다. 소통의 달인은 입이 아니라, 경청하는 귀를 가지고 있다.

최근 블로그 소통이 화제가 되고 있다. 특히 스마트폰 보급으로 실시간 아이디어 제안과 공유가 가능해지자 트위터와 페이스북 같은 소셜 미디어를 통한 소통이 기업 경쟁력으로 연결되기도 한다.

애플의 도약에는 스티브 잡스의 소통이 있었다. 잡스의 애칭은 최고 경청자Top Listener다. 고객과 소통해야 시장의 숨은 니즈Needs를 파악할 수 있고, 이를 통해 아이폰처럼 세상을 깜짝 놀라게 할 신제품 개발이 가능하다고 믿었다. 여기서 우리는 잡스의 경영철학을 엿볼 수 있다.

소통에 있어서 이성적인 생각과 합리적인 말만으로는 상대방을 설득하기가 어렵다. 머리로 받아들여도 가슴으로 받아들이지 못하기 때문이다.

공자는 "군자는 서로 다름을 존중하면서 화합하지만, 소인배는 같아지기를 구하나 진심으로 화합하지 못한다君子和而不同 小人同而不和."라고 했다. 개인, 기업, 사회, 정치인들이 새겨들어야 할 덕목이다.

PART 5

성공을 부르는 자세

내가 뿌린 말의 씨앗은
어떤 열매로 돌아올까?

옛날부터 어른들은 말을 함부로 하지 않도록 하였다. 말에는 힘이 있어 말한 대로 일이 일어나기 때문이다. 이는 과학적으로도 증명이 되었다. 실험에 의하면 "되는 게 하나도 없어." 같은 부정적인 말을 내뱉을 때마다 우리 뇌는 할 수 없는 이유를 찾아낸다. 반대로 "잘될 거야."처럼 긍정적인 말을 하면 자율신경계가 활발하게 활동해 우리 몸과 마음을 최상의 상태로 유지시켜 소망을 실현할 확률도 그만큼 높아진다.

"칭찬은 고래도 춤추게 한다."라는 말이 있듯이 좋은 말에는 생명력이 있어 상대방의 심신에 긍정적인 영향을 미친다. 그래서 입은 행복을 부르는 문이기도 하고 재앙을 부르는 문이 되기도 한다.

불경에 "사람은 입 안에 도끼를 품고 태어난다."라는 말이 있다. 그 도끼로 남을 죽일 수도 있고 자기를 망칠 수도 있으니 말을 함부로 하지 말라는 뜻이다. 성경에서도 "지혜로운 이들의 혀는 지식을 베풀지만 우둔한 자들의 입은 미련함을 내뱉는다."라고 하였다.

미국 16대 대통령 아브라함 링컨은 젊었을 때 쉽게 남을 비난하고 남의 잘못을 신랄하게 지적하며 신문에도 그런 글을 투고했다고 한다. 그러던 중 링컨은 당시 명성이 자자했던 제임스 쉴즈라는 사람을 비판하는 글을 신문에 싣게 되었고, 그 글을 본 제임스 쉴즈는 너무나 화가 나서 그만 "너 같은 놈은 내가 그냥 두지 않겠다. 이건 내 생명에 관한 문제다. 당장 결투하자."라고 공식적으로 선언했다.

링컨은 결투를 원하지는 않았지만 자신의 명예가 걸린 문제라 응하지 않을 수 없었다. 하지만 생명을 잃을 수도 있어 겁이 났다. 오죽하면 사관학교 졸업생을 불러다가 결투 개인지도를 받았겠는가. 링컨은 칼싸움 연습을 하고 결투 장소로 나갔다. 이제 둘 중 하나는 죽어야 한다. 그때 다행히도 주변에 있던 친구들과 참관자들이 간곡히 두 사람을 만류하여 극적으로 화해하고 결투를 그만두게 되었다.

링컨은 이 사건을 통해 분명히 자신은 문제라고 생각되는 잘못 하나를 지적했을 뿐인데 당사자는 마음에 치명적인 상처를 입었다는 것을 알게 되어 크게 뉘우쳤다. 그 후 링컨은 남을 비판하기보다는 누구에게서나 장점을 찾고자 노력하는 습관을 갖게 되었다고 한다.

우리는 눈을 뜨는 순간부터 많은 말을 하고 산다. 소통의 수단인 말이 없는 세상을 상상할 수 없다. 그러나 무의식적으로 한 말이 남에게 커다란 아픔을 주는 일이 종종 있다. 지혜로운 사람은 말을 잘 가려 하지만 미련한 사람은 말을 함부로 하여 남에게 고통을 주고 자신의 허물을 드러낸다.

이해인 수녀의 〈말을 위한 기도〉에 이런 구절이 있다.

제가 이 세상에 태어나
수없이 뿌려놓은 말의 씨들이
어디서 어떻게 열매를 맺을까
조용히 헤아려 볼 때가 있습니다.
…(중략)…
더러는 허공으로 사라지고
더러는 다른 이의 가슴속에서
좋은 열매를 또는 언짢은 열매를 맺기도 했을 제 언어의 나무….

유태인 속담에 "당신의 입 속에 들어 있는 말은 당신의 노예지만 입 밖에 나오게 되면 당신의 주인이 된다."라는 말이 있다.

항상 말을 아껴야 하고, 말을 할 때에는 좋은 말, 칭찬의 말, 격려의 말, 축복의 말, 사랑의 말, 감사의 말과 나쁜 말의 씨앗을 가려 파종해야 한다. 내가 뿌린 말의 씨앗이 모두 나의 열매로 돌아올 터이니 좋은 말의 결실로 풍요로운 인생을 만들어야겠다.

신뢰는
거울과 같다

그리스의 철학자 아리스토텔레스는 "인간은 사회적 동물Social Animal"이라고 했다. 더불어 살아야 하는 인간은 사회생활을 잘하기 위해 기본적으로 신뢰를 지켜야 한다.

인간관계의 바탕은 믿음信이 되어야 하는데, 믿을 신信 자는 사람人과 말言로 구성되어 있다. 말에는 반드시 믿음이 있어야 한다는 의미가 담겨 있다. 우리나라 정치에서도 국무총리나 장관 지명자들이 국회 청문회에서 "국민의 신뢰를 얻지 못하면 직무를 수행할 수 없다."면서 줄줄이 낙마하는 경우를 보면 신뢰의 중요성을 다시한 번 깨닫게 된다.

공자의 제자 중 학문·지식·인품이 가장 뛰어난 자공子貢이 하루는 공자에게 물었다.

"선생님, 국가를 건설하는 데 필요한 것이 무엇입니까."

공자는 다음과 같이 답하였다.

"첫째는 족식足食이다. 모든 국민이 먹고살 수 있도록 경제적 생활이 안정되어야 한다. 둘째는 족병足兵이다. 국력을 튼튼히 하는 국방력이다. 셋째는 민신民信이다. 백성이 정부를 신뢰할 수 있어야 한다."

"세 가지 중 하나를 뺀다면 무엇을 빼야 합니까." 하고 자공이 물으니, "'병'을 빼라. 국방이 없어도 살아갈 수 있다."라고 공자가 답했다.

"만부득이하여 하나를 더 빼야 한다면 무엇을 빼야 합니까?" 자공이 또 물으니, "'식'을 빼라. 사람은 자고로 죽게 마련이다."라고 공자가 답했다.

백성이 국가를 신뢰하지 않을 때 도덕성이 무너져 나라가 바로 설 수 없다. 신뢰를 바탕으로 하는 도덕적 기초 위에서만이 국력도 나오고 경제력도 나온다고 하였다. 일찍이 신뢰의 중요성을 설파한 공자의 지혜가 엿보인다.

사업가의 첫째 덕목도 '신뢰'가 되어야 한다. 한 시대를 풍미한 거상巨商이라면 신뢰와 관련된 일화가 하나쯤은 따라다닌다. 신뢰가 없다면 모든 것을 일일이 확인해야 하고 잠시라도 마음을 놓을 수가 없어 매사를 염려해야 한다. 신뢰는 믿음을 실천함으로써 남으로 하여금 미래 행동을 예측 가능하게 한다.

작가 최인호의 소설 『상도商道』에서 거상 임상옥은 미천한 장돌뱅이에서 3품의 고위 관직에 오른 극적이고 변화무쌍한 인물이다. 그는 신뢰를 바탕으로 한 상도 정신과 이재술理財術에 뛰어났다. 그리고 "재물은 평등하기가 물과 같다."라는 말을 남기며 말년에는 모든 재산을 사회에 환원했다. 그의 상업 철학은 오늘날 우리 사회가 기업의 사회적 책임CSR을 강조하는 현실에서 역사의 아름다운 거울이 되기도 한다.

미국의 정치학자 프랜시스 후쿠야마 교수는 그의 저서 『트러스트Trust』에서 사회 구성원 사이에 형성된 신뢰가 갖가지 사회 비용을 감소시켜 경제적 번영을 뒷받침하고 국가 경쟁력을 높인다고 주장했다. 우리 나라는 1996년 당시 후쿠야마 교수가 저신뢰 사회 중 하나로 분류했는데, 지금도 정치·경제 등 각 분야의 상황을 볼 때 그 평가에서 크게 다르지 않은 것 같다.

신뢰는 사회적 자본이기도 하다. 우리나라는 사회적 빈국이라는 진단이 나왔다. 한국개발연구원KDI의 조사에 의하면 정부, 정당 그리고 국회에 대한 국민의 신뢰도가 10점 만점에 3점대로, 처음 보는 사람에게 갖는 믿음보다 낮다. 공동체적 의식보다는 가족주의와 연고에 집착한다는 것이다.

저신뢰 사회는 고비용을 낳기도 한다. 서로 믿지 못하기 때문에 감시나 통제에 많은 비용을 치러야 하는 것이다. 신뢰는 마치 거울과 같아서 한번 깨지고 나면 다시 붙인다 해도 예전과 같이 온전한 나를 비추기 힘들다. 신뢰를 쌓는 것 못지않게 그것을 유지하기 위한 무한한 노력이 필요한 것이다.

신뢰를 잃은 것은 전부를 잃은 것이라는 말은 모든 관계에 통용된다.

둔한 펜이
총명한 머리를 이긴다

　인간의 기억력에는 한계가 있다. 망각의 속성도 있다. 기억은 기록을 따르지 못하고 잊히고 왜곡될 수도 있지만, 기록은 사실을 그대로 되살려 낸다. 기억력의 한계 때문에 때로는 사람의 이름, 약속 시간, 전화 번호, 새로운 지식 그리고 중요한 아이디어 등을 착각하거나 망각하기도 한다. 독일의 심리학자 헤르만 에빙하우스는 "인간은 하루만 지나면 보고 배운 것의 70%를 망각한다."라고 했다.

　우리는 정보의 홍수 속에서 혼란스럽게 살아가고 있다. 지식정보화 사회가 도래하면서 인터넷이나 스마트폰을 통해 모든 정보를 손끝에서 얻을 수 있게 되었다. 그러나 정작 자신에게 필요한 정보를 선택하고 기억하기란 쉽지가 않다. 사람의 뇌가 인류 문명의 발전 속도를 따라가지 못하기 때문에 살아남으려면 메모Memo하는 습관을 가지는 것이 중요하다.

사카토 겐지는『메모의 기술』이라는 저서에서 메모의 중요성을 잘 말하고 있다. "어느 순간 떠오른 아이디어도 바람처럼 사라져 버릴 수 있기 때문에 메모하는 습관이 중요하다. 메모는 경쟁력이다. 메모 습관은 변화하는 사회에서 살아남을 수 있는 가장 강력한 무기다. 기억력을 믿지 말라. 기록을 믿어라. 기록은 기억보다 강하다."라고 말했다.

메모를 잘하면 생활이 향상되고, 정보가 풍부하며, 자기 능력 개발이 용이하고 인격 형성에도 도움이 된다. 또한 지식이 넓어지고 정신세계가 확대된다. 뇌 과학자들은 손을 제2의 뇌라고 말한다. 손으로 글을 쓰고 그림을 그리면 뇌가 활성화되고 건강이 증진되며 치매 예방에도 도움이 된다고 한다.

역사적으로 유명한 인물들은 자신의 머릿속에 떠오른 생각을 종이에 바로 기록하는 공통적인 습관을 가지고 있음을 알 수 있다.

실학의 대가인 다산 정약용은 전남 강진에서 18년 동안 유배생활을 하면서『목민심서』를 비롯하여 500여 권의 저서를 남겼다. 그의 독서 방법은 정독을 하면서 핵심을 추려 메모하고, 생각이 떠오르면 수시로 메모하여 분류하고 다시 모으는 것이 다작의 비법이라고 했다.

연암 박지원의『열하일기』는 연행 도중에 쓴 글이 아니라 귀국 후 여러 해 동안 여행 중 적어둔 비망록을 바탕으로 생각을 키워 나가면서 완성시켰다. 메모가 없었다면『열하일기』도 없었을 것이다.

무엇보다 메모는 습관화하는 것이 중요하다. 때와 장소를 가리지 않고, 특별히 정해진 형식 없이 시간이 지난 후에도 본인이 알아볼 수 있도록 메모하면 된다. 메모는 시간 관리를 효과적으로 할 수 있는 방법 중 하나이며 삶을 보다 여유롭게 한다는 점에서 생활의 지혜다.

메모 습관을 가진 사람이 인생에서 모두 성공하는 것은 아니지만 성공한 사람은 대부분 메모광이다.

에디슨은 일생 동안 1,902건의 발명 특허를 따낸 역사적인 인물이다. 그의 연구실에서 발견된 발명 메모가 무려 3,000가지가 넘었다고 하니 그의 발명도 메모의 산물인 셈이다.

아브라함 링컨은 모자 속에 항상 종이와 연필을 넣고 다니면서 갑자기 떠오르는 생각이나 남한테서 들은 말을 기록하는 습관을 가지고 있었다. 덕분에 제대로 된 정규교육을 받은 적이 없지만 미국의 가장 존경받는 대통령 중 한 명이 될 수 있었다.

적는 습관을 가지면 깜박하고 잊어버리는 것을 확실하게 방지할 수 있다. 그리고 노트에 적어놓으면 무언가 기억하려고 노력하는 것보다 더 기억이 잘된다.

"기록하고 잊어라."라는 말이 있다. 잊을 수 있는 기쁨을 만끽하면서 항상 머리는 창의적으로 쓰는 사람이 성공한다. 그 비결은 바로 메모 습관이다. 메모에 열광하는 최고 경영자들은 적는 습관을 가지면 치밀함과 섬세함이 생기고 메모를 들춰보면 앞으로 할 일을 구상하는 데 도움이 된다고 입을 모은다.

아이디어는 휘발성이 있어 그 순간 담을 수 있는 보조 기억장치가 필요한데, 그것이 바로 메모다. 사실 메모는 펜과 종이만 있으면 누구나 할 수 있는 손쉬운 일이다. 하지만 실천하기가 쉽지 않다. 많은 사람들이 머리로만 기억할 뿐 손을 사용하지 않기 때문이다.

우리가 접하는 수많은 정보를 모두 기억하기란 불가능하다. 좋은 아이디어가 생각날 때 꼭 잡는 편이 현명하다. 그런 점에서 메모 습관을 실천하는 사람이라면 남보다 더 경쟁력을 갖춘 셈이다.

과속으로 질주하는 디지털 시대에 아날로그 방식의 메모는 자칫 구태의연하게 느껴질 수 있다. 하지만 "총명불여둔필總名不如鈍筆" 즉 둔한 펜이 총명한 머리를 이긴다는 동서고금의 성공진리는 예나 지금이나 변함이 없다.

디테일Detail이
중요하다

대부분의 중대한 결과는 사소한 것에서 시작된다. 사소한 것이 중요하다. 바둑에서 대국하는 모습을 보면 마지막 한 수가 모자라 대마가 잡히는 경우를 본다. 세와 집수에서 승리를 확신했던 바둑이 한 수 때문에 한순간에 무너지고 만다. 물이 끓기 위해서는 섭씨 100도의 온도가 필요한데 1도만 부족해도 물은 끓지 않는 법이다.

우리의 생활 주변을 살펴봐도 작은 디테일을 소홀히 하거나 무시해 큰 참사와 화를 불러오고, 기업의 흥망까지 좌우되는 것을 많이 본다. 반대로 작은 배려와 관심이 큰 행운으로 연결되는 경우도 볼 수 있다. 이런 것을 본다면 디테일의 힘은 아무리 강조해도 지나치지 않다.

비바람이 몰아치는 뉴욕의 늦은 밤, 한 중년 신사가 하룻밤을 묵을 숙소를 찾아 헤매다 길모퉁이 조그마한 호텔에 들어섰다. 마침 오텔에는 빈방이 없었고 너무 늦은 시간인 데다 궂은 날씨 때문에 다른 호텔을 찾기도 힘든 상황이었다.

난감해하는 신사에게 젊은 호텔 직원은 미안해하는 음성으로 "손님, 괜찮으시다면 누추하지만 제 방에서 하룻밤 묵으세요. 저는 제 동료와 한 방을 써도 됩니다."라며 신사에게 자기 방을 내주었다. 다음날 젊은 직원의 친절에 감동한 신사는 호텔을 떠나면서 "내가 이다음에 호텔을 짓게 되면 자네에게 꼭 연락하겠네."라고 약속했다.

몇 년 후 중년 신사는 약속대로 호텔을 지었고 친절했던 젊은 직원을 불러 호텔의 사장 자리를 맡겼다. 그 중년 신사는 힐튼 호텔의 창업자인 콘래드 힐튼이었다.

흔히 사람들은 중요하다고 느끼고 생색낼 수 있는 일에만 매달리는 경향이 있다. 어느 조직이든 크고 작은 톱니가 맞물려야 정상적으로 돌아가게 마련이다. 그러나 우리는 중앙의 큰 톱니바퀴만 바라보고 변방의 작은 톱니는 거들떠보지 않을 뿐 아니라, 그 역할을 망각하는 경우가 많다. 세상에 중요하지 않은 일은 없다.

우리 몸에 수많은 장기가 있지만 생명을 유지하는 데 어느 것 하나 소홀히 할 수 없는 이치와 같다. 작은 일에 충실한 사람에게 큰일을 맡기는 법이다.

일본 혼다의 창업자 혼다 소이치로는 "내가 하는 일 중 99%는 실패의 연속이었고 성공은 1%에 불과했다."라고 말했다. 하지만 그 1%의 성공이 99%의 실패를 뒤집어 냈다.

1906년에 태어나 소학교 학력이 전부였던 혼다 소이치로는 아무리 작은 기술상의 진전도 실패를 관통하지 않고서는 불가능함을 온몸으로 배운 사람이었다. 그에겐 실패하지 않는 것은 일을 하지 않는 것과 다름없었다. 심지어 '올해의 실패 왕'이란 포상제도까지 두고 최고의 실패를 경험한 사람에게 100만 엔을 주었다.

1%의 성공을 위해 99%의 실패를 장려한 셈이다. 결국 99%의 실패를 뚫고 나온 그 1%의 성공이 오늘의 혼다와 일본을 만들었다.

비행기나 배, 원자력 발전소 등 인간을 위해 만들어진 모든 것들이 단순한 실수 때문에 사람의 생명을 앗아가는 죽음의 형틀로 전락한다. 인간 역시 스스로 위험 회피적이라고 하면서도 끊임없이 사고를 만들어 냈다.

유럽 전역을 방사능 오염 공포로 떨게 만든 체르노빌 원자력 발전소 폭발 사건으로 1만여 명이 사망했다. 이 사고도 기술자들의 안전규칙 위반 때문이었다고 한다.

뽀빠이 영양식이 된 시금치는 철분덩어리라고 생각하지만 사실은 다른 채소와 별 차이가 없다고 한다. 이것은 1800년대 과학자들이 시금치 철분 함량을 기록할 때 실수로 소수점을 한 자리 뒤에 찍는 바람에 수치가 10배나 부풀려졌다는 것이다. 인간의 작은 실수가 상식처럼 되어버린 웃지 못할 경우다.

미국의 말콤 볼드리지 상을 수상한 페덱스의 서비스 법칙에서 '1:10:100'이란 용어가 유래되었다. 불량이 생길 경우 즉각 고치는 데는 1의 원가가 들지만, 책임 소재나 문책 등의 이유로 이를 숨기고 그대로 내보낼 경우 10의 원가가 들며, 이것이 고객의 손에 들어가 클레임으로 되돌아오면 100의 원가가 든다는 것이다.

이 법칙은 개개인의 인생에서도 발견할 수 있는 혁신 전략이다. 어렸을 때 좋은 습관을 들이면 1의 비용만 들지만, 중년의 나이가 돼서야 나쁜 습관을 바로잡으려면 10의 비용이 들고, 이를 노년에 고치려 하면 100의 비용이 든다는 것이다.

따라서 개인을 위한 인생 혁신 전략으로 어렸을 때 좋은 습관을 많이 들이는 것이 최선의 투자 전략이 된다고 할 수 있다.

20세기 산업화 시대를 지배했던 성공 전략과 법칙들이 이성적, 합리적 판단을 이끌어 내는 브레인스토밍Brainstorming 중심이었다면, 21세기는 사소하고 작은 부분이지만 인간의 감성이 중요해지는 '하트스토밍Heartstorming' 시대라고 할 수 있다.

성공의 법칙은 거창한 이론이 아니라 우리가 이미 다 알고 있으면서도 너무 당연해서 간과해 버리는 작고 사소한 내용들이다. 그러나 이 작고 사소한 내용들을 실행에 옮길 경우 그것은 최고의 성공 전략이 된다. 그 속에 숨어 있는 기회를 포착하고 상황을 현명하게 풀어 나갈 수 있기 때문이다.

인간에게는 매 순간 인생을 바꿀 기회가 찾아온다. 우리는 일상에서 사소한 것 하나를 바꿈으로써 미래에 어떤 열매를 거둘지 미리 준비할 수 있다. 성공은 일상에서 겨자씨 하나를 심는 것과 같다. 그 씨앗은 시간과 함께 자라 큰 열매를 맺을 것이다.

긍정을
선택하라

아름다운 장미꽃에 왜 하필 가시가 돋쳤을까 생각하면 짜증이
난다. 하지만 가시나무에 어떻게 이처럼 예쁜 장미꽃이 피었을까
생각하면 기분이 한결 편해진다. 우리 마음속에는 두 가지의 감정
이 존재한다. 하나는 원망·절망·실패·거짓·게으름·불신의 부정
적인 감정과 다른 하나는 감사·성공·열정·칭찬·격려의 긍정적인
감정이다. 어느 감정을 택하는가는 각자의 몫이다. 그러나 어느 것
을 택하든 그대로 된다는 것이다.

"우주의 기운은 자석과 같아서 낙관적이고 의욕적인 마음을 가
지면 밝은 기운이 몰려와 삶을 비쳐준다." 법정 스님이 강조한 말
이다. 인간의 마음은 자석과 같아서 긍정적인 마음을 가지면 좋은
일이 일어나고, 부정적인 마음을 가지면 나쁜 일이 일어난다는 것
이다. 불만과 실패를 말하면서 성공적인 삶을 살려고 애써봐야 아
무 소용이 없다. 그러나 긍정적인 생각을 하게 되면 에너지와 열정

이 생기고, 해결책이 보이고, 기꺼이 도와주는 사람들이 생긴다.

론다 번은 전 세계 베스트셀러가 된 『시크릿』에서 "플라톤, 레오나르도 다빈치, 아인슈타인 등 존경받는 위대한 사상가, 과학자, 창조자들은 위대한 비밀을 알고 있었다. 이 비밀은 긍정적인 생각과 간절한 마음이 만나면 강력한 힘을 발휘하며, 미래의 삶을 창조하는 원동력이 자신 안에 있다는 믿음을 가지게 된다. 그리고 원하는 것을 이루어지게 하는 힘을 가진다."라고 했다.

우리는 현재보다는 미래의 희망에 따라 살게 되므로 항상 큰 비전을 가지는 것이 중요하다. 그리고 자기를 존중하고 건강한 자아상을 만들어야 한다. 자아상은 우리의 행동을 통제하는 무의식 속의 관리인이기 때문이다.

그리고 강한 힘이 있는 긍정적인 생각과 말의 힘을 이용해야 한다. 살다가 힘든 일이 생기면 어려움으로 받아들이지 말고 기쁨과 행복으로 가기 위한 작은 대가라고 생각해야 한다. 새 중의 강자인 독수리도 공기의 저항이 없으면 날 수가 없고, 바다의 왕자 고래도 물의 저항이 없으면 뜰 수 없는 것과 같다.

인생 최고의 삶을 살고 싶으면 열정과 소망을 절대 버리지 말아야 한다. 절망을 소망으로, 부정을 긍정으로 변화시키는 놀라운 비결이 그 안에 있기 때문이다.

일본 교세라의 창업자 이나모리 가즈오 회장은 새로운 일을 시작할 때 항상 똑똑한 사람보다는 긍정적인 사람을 내세웠다고 한다. "똑똑한 사람의 경우 철저한 분석을 통해 문제점을 제시하는 데 치중하기 때문에 일을 시작해 보지도 못할 가능성이 크다."라고 했다. 비판과 부정에 치중하면 어떤 일도 할 수 없다.

정주영 전 현대그룹 회장도 긍정적 사고의 대표적 인물이다. 정 회장은 계열사 사장들이 새로운 사업이나 어려운 일에 대해 난색을 표시할 때마다 "이봐, 해보기나 했어?"라는 말로 면박을 줬다. 실제로 정 회장이 추진해서 되지 않은 일은 별로 없었다.

긍정적인 사고는 아무데서나 꽃을 피우지 않는다. 긍정적인 사고는 야성과 자유를 먹고 자란다. 어느 누구보다도 잘 해 보겠다는 열망을 갖고 이를 실천할 수 있는 분위기여야 한다.

우리의 일평생도 희로애락을 겪으면서 살아간다. 어느 누구도 한순간 감정의 흐름에서 자유로울 수 없다. 항상 긍정적인 감정과 부정적인 감정 사이를 넘나들면서 살아간다. 긍정적인 감정은 엔돌핀 분비를 촉진시켜 치유 능력이 있지만, 부정적인 감정은 스트레스로 이어진다. 스트레스는 때로는 분노로, 슬픔으로, 증오의 감정으로 사람을 괴롭힌다.

미국의 심리학자 세드 헴스테더 박사는 "사람은 하루에 5~6만 가지 생각을 한다."라고 했다. 문제는 그 생각 중에서 85%는 부정적인 것이며 단 15%만 긍정적인 생각이란 것이다. 결국 우리는 끊임없이 부정적인 생각과 싸우며 하루하루를 살아가게 된다.

따라서 모든 상황을 어떻게 긍정적으로 해석하느냐가 그날의 행복을 좌우한다고 할 수 있다. 결국 85%의 부정적인 생각을 잡느냐, 아니면 15%의 긍정적인 생각을 잡느냐는 순전히 자신의 결단에 달려 있다.

이 어렵고 험한 세상을 긍정적으로만 살아간다는 것이 어디 쉬운 일인가. 늘 준비된 듯 시련이 닥치고 극복해야 할 고난들로만 가득한 것이 우리 인생살이다. 긍정적인 생각은 사람을 변화시킨다. 실제로 많은 일들이 스스로 마음먹은 대로 이루어지기도 한다. 긍정의 힘은 그것 자체가 힘은 아니지만 사람을 노력하게 하는 위력을 가지고 있기 때문에 노력하는 과정 속에 사람들은 변화한다는 것이다.

사람의 몸에는 약 80조 개의 세포가 있다. 병에 걸린 사람의 생각이 긍정적이냐 부정적이냐에 따라, 병을 이겨야 한다고 생각하는지 아닌지에 따라, 이들 세포들은 다르게 활동한다는 것이다. 분명한 목적이 있고 긍정적으로 생각하는 사람이 성공확률이 높다는 설명이다.

우리도 남을 탓하는 부정적인 말보다는 긍정적인 바이러스를 주위에 퍼트리는 사람이 많아져야 한다. 긍정적인 바이러스가 더 많이 퍼져갈수록 우리의 삶이 보람이 있고 세상은 더욱 밝아질 것이다. 결국 긍정과 부정은 백지장 한 장 차이지만 그 차이를 극복하여 더 행복하고 성공적인 인생을 사는 방법은 바로 긍정에 집중하는 것이다. 웃음은 바로 이러한 삶의 자세에서 맺히는 열매다. 오늘도 많이 웃어보자.

인생은
선택의 연속이다

인간이 태어나는 것은 창조주의 영역이지만 그 이후는 선택의 연속 가운데서 살아간다. 아침에 잠에서 깨어나면 선택은 시작된다. 밥을 먹을까, 빵을 먹을까, 출근할 때 버스를 탈까, 전철을 이용할까, 자가용을 가지고 갈까 등, 하루에도 수많은 선택이 우리를 기다린다.

선택 뒤에는 후회와 만족이 교차한다. 잘된 선택에는 결과에 만족하지만 선택을 잘못하면 후회가 따른다. 오늘은 내가 어제 한 선택의 결과이며, 오늘의 선택은 미래의 내가 된다. 오늘을 열심히 살아야 하는 이유가 바로 여기에 있다.

인생은 이것 아니면 저것의 선택일 뿐 결코 둘 다 가질 수는 없다. 봄에 피는 튤립에 대한 유럽의 동화가 있다. 튤립은 한 뿌리에 딱 한 송이 꽃만 피운다.

어느 시골 마을에 아름다운 소녀가 살고 있었다. 이 소녀에게 세 사람의 젊은이로부터 청혼이 들어왔다. 한 사람은 미래에 왕관을 쓸 왕자, 두 번째 청년은 늠름한 모습의 기사, 세 번째 청년은 큰 부호의 아들이었다. 그러나 소녀는 누구를 선택할지를 몰라 시간만 흘려보냈다. 소녀의 선택을 기다리던 세 사람은 시간이 흘러도 소식이 없자 화가 나 모두 소녀의 곁을 떠나고 말았다.

선택을 놓친 소녀는 슬픔에 잠겨 병이 들어 죽고, 그 무덤에서 한 송이 꽃이 되어 피어났다. 봉우리는 왕관을, 잎사귀는 기사의 검을, 그리고 뿌리는 부호의 금괴를 닮았다. 아무런 결정을 하지 않는 것보다 바보 같은 결정이라도 내리는 것이 낫다는 말이 여기에 해당된다. 우리에게 가르쳐 주는 삶의 교훈이다.

사회는 다양한 선택을 제공하는 사회가 좋다. 많은 선택을 가진 사람이 행복한 사람이다. 선택이 없는 사회는 자율성이 없는 배급제 사회라고 부른다. 사회주의 국가가 대표적인 예다. 모든 것을 배급함으로써 시민들에게 선택권을 주지 않는다는 것이다. 따라서 모든 국민은 가난으로 내몰리게 된다.

역사 속에서도 많은 선택의 기록을 읽을 수 있다. 근대 한국과 일본 간의 정신적, 물질적 차이를 만든 것은 선택의 차이였다. 19세기 중엽 일본은 메이지 유신이란 개혁 개방을 선택하여 서구의 선진 과학기술과 문화를 먼저 받아들여 일찍 선진국에 진입하였다. 그러나 조선시대 우리는 외국과의 교역을 거부하고 쇄국의 길을 선택하여 나라가 망하고 혹독한 식민지 통치를 경험했다.

살다 보면 누구나 선택의 기로에 서게 된다. 숱한 갈등의 길모퉁이에 서서 우리는 질문을 던진다. 이 길로 갈 것인가, 아니면 저 길로 갈 것인가. 선택의 결과는 어떤 모습일까. 어쩌면 번뇌의 연속이 바로 삶인지도 모른다.

개인의 일생에도 가장 중요한 선택이 세 가지가 있다.

첫째는 직업의 선택이다. 안정된 직장을 갖고 자기가 하는 일에 몰입할 수 있다는 것은 큰 축복이다. 철학자 니체는 "직업은 인생의 등뼈와 같다."라고 했다.

둘째는 배우자의 선택이다. 남자는 여자를, 여자는 남자를 잘 만나야 한다. 배우자를 잘 만나는 것은 평생 풍년을 보장받는 것이나 마찬가지다. 요즘같이 이혼율이 증가하는 시대에 있어서 배우자의 선택이 무엇보다 중요하다.

셋째는 인생관의 선택이다. 삶의 목표, 삶의 태도가 중요하다. 올바른 도덕윤리가 서 있는 삶이 가치 있는 삶이다. 19세기 독일의 위대한 역사가 랑케는 "한 나라의 흥망성쇠를 좌우하는 것은 군사력, 경제력, 나라의 크기도 아닌 도덕적 힘"이라고 했다.

선택에 있어서 가장 중요한 것은 부정적인 자세가 아니라 인생을 항상 긍정적으로 보는 자세다. 그늘을 보는 자세가 아니라 태양을 보는 자세다. 세계적인 베스트셀러 작가인 조엘 오스틴도 "긍정의 힘이 기적을 만들어 낸다."고 했다.

서양 사람들은 딸이 결혼을 하면 진주 패물을 많이 해준다. 이것은 진주의 생성 과정과도 관계가 있다. 진주를 만드는 조개는 모래나 이물질이 속으로 들어오면 엄청난 고통과 시련에 시달리며 선택의 기로에 서게 된다. 삶을 포기하든지 아니면 이 고통을 이기기 위한 도전을 시작하든지 선택해야 한다.

도전을 선택한 순간부터 몸속에서는 '콘키오린'이라는 단백질과 탄산칼슘으로 이물질을 수없이 감싸고 그것을 쌓아서 인고의 세월이 지나면 아름다운 진주가 탄생하게 된다. 결혼 생활이 아무리 고통스럽고 힘들더라도 참고 견디어 아름다운 진주와 같은 삶을 살기를 염원하는 부모의 마음이 담겨 있다고 하겠다.

인생의 아름다운 열매는 긍정하는 사람의 마음에서 자라고 결실을 맺는다. 부정적이고 그늘진 밭에서는 자랄 수 없다. 최선의 선택은 선택 시점에 결정되는 것이 아니라 그 이후의 과정에서 결정된다고 본다. 그 결정을 성공적으로 만들 것인가, 아니면 실패로 만들 것인가는 선택 이후에 얼마만한 노력을 들이는가에 달려 있기 때문이다.

인생은 선택이다. 긍정적이고 적극적인 밝은 미래를 선택하자.

과유불급過猶不及의
지혜

성공의 환희 속에 실패의 씨앗이 자란다고 한다. 성공의 요소가 뒤에는 패망의 동기가 된다는 뜻일 것이다. 남보다 크게 성공한 사람의 용기가 도를 지나쳐 만용으로 변했을 때 패배하게 마련이다. 때로는 미덕으로 불리던 것조차도 지나치면 문제를 일으키기도 한다.

인간이 살아가면서 필요를 해결하려는 노력에 대해 자연은 긍정적으로 해답을 주지만, 필요 이상의 탐욕에 대해서는 징벌을 주는 것이 자연의 섭리이다. 탐욕이란 부富나 권세에 대한 과도한 욕망을 말한다. 탐욕이 극에 달하면 합리성, 판단력 그리고 균형 감각이 모두 사라진다.

그리스 신화에는 이카로스Icaros의 날개 이야기가 나온다. 아버지가 아들 이카로스와 함께 감옥을 탈출하기 위해 새 깃털을 모아 날개를 만들었다. 아버지는 아들의 어깨에 밀랍으로 날개를 붙여주며 단단히 주의를 주었다. 태양을 향해 너무 높이 날면 밀랍이 녹아내려 추락할 수 있으니 절대로 하늘 높이 오르지 말라고 당부했다.

그러나 창공을 날고 있다는 사실에 흥분을 감추지 못한 이카로스는 아버지의 말을 잊어버리고 하늘 높이 오르다 밀랍이 녹아내려 결국 추락해 버린다.

역사적으로 인류에게 가장 경제적 번영을 가져다주었다는 자본주의 시장경제도 호황과 불황 사이를 오가며 성장해 가는 것이 일반적이지만, 역사를 되돌아보면 주기적으로 큰 위기가 찾아왔다.

멀게는 17세기 초 네덜란드의 튤립 투기 사건부터, 1930년대 대공황, 1997년 아시아 외환위기 그리고 2008년 리먼 브라더스의 파산으로 촉발된 미국발 세계 금융위기 등이 그렇다. 그 근저에는 대부분 투기가 있었고, 인간의 탐욕이 깔려 있었다.

이나모리 가즈오 교세라 그룹 명예회장은 마쓰시다 고노스케와 혼다 소이치로와 함께 일본에서 '살아 있는 경영의 신神'으로까지 불린다. 그는 "자본주의는 지금 전환점에 서 있다. 가치 있는 물건을 만들어 파는 본래의 기능이 무너지고, 돈이 돈을 벌고, 상위 1%가 부의 대부분을 가져가는 것을 보고 지금까지 자본주의가 옳았나 하는 반성이 나오는 건 당연한 일이다."라고 했다.

그는 또 "자본주의는 욕망을 원동력으로 발전했지만, 거기엔 절제가 있어야 한다. 인간의 욕망은 끝이 없다. 인간은 욕망을 절제하고, 다른 사람의 행복을 위해 일한다는 이타심과 사랑으로 조금씩 옮겨가야 한다."라고도 했다.

미국은 자유시장의 대명사처럼 불리는 나라다. 그 자유가 미국 번영의 밑거름이었다. 그러나 그 자유가 넘쳐 시장이 걷잡을 수 없을 정도로 되면서 필연적으로 금융대란이 올 수밖에 없었다. 미국 자본주의도 탐욕의 병에 걸린 것이다. 평등이라는 가치가 소중하여 공산주의를 칼 마르크스가 탄생시켰지만 그 평등이 지나쳐 공산주의도 쇠퇴의 길을 걸었고 결국 붕괴했다.

인간은 욕망의 덩어리라는 것은 누구나 인정한다. 하지만 한편으로는 욕망이 인류 발전의 힘이요, 부의 생산 원천이기도 했다. 욕망이 건전하게 조절될 때만이 탐욕으로 타락하지 않는다. 그러나 문제는 탐욕이라는 병이 미국 엘리트 사회에 급속히 퍼져 나가고 있다는 것이다.

우리가 미국과 유럽의 금융위기로부터 깨달아야 하는 것은 정신의 문제다. 한 사회의 흥망을 이끄는 것은 물질에 있지 않다. 물질은 정신을 따라가게 마련이다. 바른 정신이 지배하는 사회는 반드시 번영하게 되어 있다.

"쉽게 번 돈은 쉽게 사라진다. 땀을 흘리지 않고는 열매를 딸 수 없다. 정직이 재산이다. 신뢰를 지켜야 한다. 낭비하지 말고 절약해라. 교만하지 말고 겸손해라. 남의 성공을 질투하지 마라." 이런 미덕은 역사나 이념을 초월해 작용하는 가치들이다. 인류 보편적 경험과 역사의 법칙은 이러한 미덕들이 반드시 성공한다는 것을 가르치고 있다.

    공자는 "과유불급過猶不及"이란 말을 했다. "너무 지나친 것은 부족한 것과 같다." 즉 부족한 것이 나쁜 만큼 지나친 것도 나쁘다는 말이다. 과유불급의 진리는 기업 경영은 물론 과학과 기술 개발에도 적용되는 것 같다. 과욕이 파멸을 부르는 비극에 빠지지 않기 위해서 인간은 과유불급에서 지혜를 찾아야 한다.

    "홍콩에서 1달러를 쓰면 5센트는 리카싱 주머니로 들어간다."라는 말이 있다. 리카싱은 홍콩 최대 부호이자 동아시아 최대 갑부다. 리카싱의 좌우명은 멈춤을 안다는 "지지知止"다. 그는 사무실의 눈에 띄는 곳에 액자를 걸어두었다. 남부러울 것이 없는 세계적인 부자지만 자신의 행동에 지나침이 없도록 스스로 경계하기 위해서란다. 하지만 동서고금의 역사를 보면 이런 태도가 말처럼 쉽지는 않은 모양이다.

    나아갈 때 나아가고, 치열할 때 치열해야 한다. 하지만 멈춰야 할 때 멈출 수 있는 용기도 필요하다. 한때의 성공이 오만을 낳고, 오만이 탐욕을 낳고, 탐욕이 파멸을 부르는 비극에 빠지기 쉬운 인간을 위하여 절제의 용기와 멈춤의 지혜가 필요하다.

부자와
가난한 사람의 차이

세상 사람들은 모두 부자가 되기를 원하며, 또한 일확천금을 꿈꾸기도 한다. 하지만 부자는 하루아침에 이뤄지지 않는다. 부富란 절약을 생활 속에서 실천하여 종잣돈을 만든 다음 그것이 꾸준히 불어 나가는 인고忍苦와 노력의 과정 끝에 만들어지기 때문이다. 이 과정을 참고 이겨내는 사람들만이 '부'라는 아름다운 과실을 얻을 수 있다.

그런 뜻에서 부자는 명예로운 타이틀이다. 절약은 부의 씨앗으로 보면 된다. 아름드리나무가 하나의 씨앗에서 잉태되듯이 작은 절약 정신이 비바람 속에서도 싹이 트고 꽃을 피워 커다란 부를 만든다. 실제로 검소하지 않은 부자는 없다. 규칙적인 운동 습관이 건강을 바꾸듯 규칙적인 절약 습관이 인생을 바꾼다.

조지 클라슨이 쓴 『바빌론 부자들의 돈 버는 지혜』에서 "부자가 되려면 수입을 늘리기보다 지출을 줄여라."라고 했다. 2,500년 전 바빌론 부자들을 연구한 저자는 "돈을 벌기 위한 첫 걸음은 저축을 많이 하거나 부동산에 투자하는 게 아니라 오로지 지출을 줄이는 것이다. 이것이 그토록 당신이 알고 싶어 하던 부자가 되는 단순한 비법"이라고 강조했다.

바빌론 부자 같은 사람이 우리 주변에도 많다. 『강남 부자들』이란 책에서는 "한 부동산 부자는 1% 포인트 예금 금리를 더 받기 위해 애쓰기보다 1만 원의 지출을 줄이는 데 안간힘을 쓰더라."라고 소개했다. 또한 이 부자는 브랜드 커피보다는 자판기 커피를 마신다. 고급 일식보다는 설렁탕을 즐겨먹는다. 신용카드는 아예 쓰지도 않고 모든 생활용품은 재활용해 쓴다. 자가용도 없고 대중교통을 이용해 한두 정거장쯤은 걸어 다닌다고 한다.

이쯤 되면 왜 돈을 모으느냐고 물어볼지 모른다. 그러나 이러한 부자도 불우한 이웃을 위해서는 성큼 돈을 쓴다고 한다.

세계적인 부호로 꼽히는 워런 버핏 회장이 세상 부모들에게 들려주는 충고다.

"자녀에게 어떤 일을 할 수 있을 만큼만 돈을 물려주되 아무것도 하지 않아도 될 만큼 물려주지 말라."

한번은 워런 버핏의 딸이 아버지한테 와서 돈을 빌려 달라고 했다. 그때 워런 버핏은 아주 중요한 이야기를 했다.

"자, 딸아! 돈은 은행에 가서 빌리는 거란다. 부모한테 빌리는 것은 빌리는 것이 아니지. 은행에서 돈을 정식으로 빌려서 제대로 갚

는 연습을 해야 내가 이다음에 조금이라도 물려주는 재산을 유지
될 수 있을 것이다."

워런 버핏은 40년 전 3만1,500달러를 주고 매입한 집에서 지금
도 그대로 산다. 점심식사는 동네 가게에서 사온 햄버거와 콜라로
때운다. 이렇게 근검절약하는 생활을 한 워런 버핏이 빌 앤드 멀린
다 게이츠 재단에 30조 원 가까운 310억 달러를 기부해 세상을 놀
라게 했다. 미국 역사상 최고의 기부였다.

홍콩 최고의 부자인 리카싱에 대한 재미있는 일화를 소개한다.
리카싱이 승용차에서 내리다가 동전 하나를 떨어뜨렸다. 이 1달
러 동전이 하수구 덮개 속으로 굴러들어갔다. 리카싱은 비서를 시
켜 하수구 덮개를 들어내고 동전을 줍게 했다. 동전을 주워주자 리
카싱은 100달러짜리 지폐를 비서에게 수고비로 건넸다. 리카싱이
돈을 어떻게 아끼고 어떻게 쓰는가를 잘 말해 주는 일화다.

부자와 가난한 사람의 차이는 무엇일까. 우선 부자 된 사람은 자
린고비가 많다. 반대로 가난한 사람은 씀씀이가 크다. 역설적으로
안 어울리는 말이다. 분명히 부자가 쓰는 돈이 많아야 될 것 같은
데 씀씀이는 훨씬 가난한 사람이 크게 느껴진다는 얘기다.

물론 쓰는 덩어리야 부자가 쓰는 게 더 클 것이다. 즉 가난한 사
람은 푼돈을 가볍게 여기는 성향을 발견할 수 있다. '이거 모아서
내가 언제 부자 되나?'라는 생각에 '먹을 것은 먹고 살자.'라고 생각
한다. 그리고 가난한 사람은 경제적인 지식을 등한시하고 행동하

는 실천력에 있어서 부자를 따라가지 못한다.

역대 로또에 당첨된 사례를 보면 부자와 빈자의 차이가 다른 것을 알 수 있다. 수년 전 영국에서 '로또 백만장자' 200명을 조사했더니 84%가 큰 집으로 이사부터 했고 이어 고급차를 샀다고 한다. 우리나라에서도 석 달 안에 차 바꾸고 살던 동네를 떠났다. 그리고 이혼하거나, 애인을 버리기도 하고, 방탕한 생활로 재산을 탕진한다. '로또 패가망신'이 먼 나라 얘기가 아니다.

부자가 되는 일은 모두가 바라는 이상이다. 부자가 된 사람들의 공통점이 있다. 성실하고, 정직하며 자기 일에 몰두한다. 그리고 맡은 일을 열심히 하면서 기회가 왔을 때 이를 놓치지 않고 거머쥔 사람들이다.

사람들은 제대로 돈을 벌어 정승처럼 쓰고 싶어 한다. 그렇지만 사는 것이 힘에 겨워 부자의 꿈을 마치 사막의 신기루같이 여긴다. 그 꿈을 좇기에는 너무 가난하게 태어났다고 한탄하기 일쑤다.

'부'는 결국 선택의 문제라고 생각한다. 절약은 미래의 행복을 위해 현재의 욕구를 자제한다는 점에서 투자와 마찬가지다. 현재의 욕망을 충족시키고 비참한 미래를 사느냐, 밝은 미래를 위해 현재의 욕망을 참느냐는 각자의 판단에 달려 있다. 부자의 경쟁력 역시 욕망의 절제라는 기본에 충실할 때 생긴다는 것을 확인할 수 있다.

독서,
시대를 관통하다

    우리가 살아가는 환경은 하루가 다르게 변하고 있다. 이러한 시대 변화에 적응하기 위해서는 우리 자신이 혁신을 해야 한다. 끊임없는 혁신을 하려면 다양한 경험이 필수적이다. 독서야말로 이런 경험을 위한 최고의 방법이다.

    특히 고전문학은 작가가 타계한 뒤 수백 년이 지나도록 지속적으로 출판되는데, 그 이유는 시대의 변화를 넘어선 절대적 가치를 지니고 있기 때문이다.

    명작은 반복해서 읽어도 좋다. 고전은 읽을 때마다 내적 성장, 생각의 변화, 환경 변화에 따라 같은 내용이라도 다르게 받아들여지며 이해력을 넓혀주는 까닭이다.

    2,400년 전 그리스의 철학자 아리스토텔레스는 "인간은 배우기를 원한다."라고 했고, 공자도 『논어』의 첫 부분에서 "배우고 익히니 이 얼마나 기쁜 일인가."라고 했다. 배움에 초점을 두고 살자는

철학에는 동서양의 차이가 없는 것 같다.

"재주는 부지런함만 못하고, 부지런함은 깨달음만 못하다."

우리 조상들이 후학들에게 강조하던 말이다. 주자학의 영향을 받은 조선 선비들의 일상에서 가장 중요한 것은 책읽기였다. 같은 책을 수백 번 읽는 것은 예삿일이고 중요한 책은 1만 번을 넘게 읽었다. 깨달음을 위해서다. 독서를 통해 자신의 몸과 마음을 닦기 위함이다.

내면의 성숙함을 바탕으로 다른 사람을 다스리는 이른바 수기치인修己治人의 원리는 유학儒學의 진면목이다. 독서의 목적은 지혜를 얻는 데 있었지, 지식의 획득에 있지 않았다. 선비들이 세상을 읽는 안목과 통찰력은 모두 독서에서 나왔던 것이다.

요즘 우리가 사는 지식정보 사회에서는 너도 나도 통찰력을 찾는다. 옛날에는 정보나 지식이 많으면 통찰력이 있는 사람으로 여기곤 했다. 지금은 다르다. 이제 웬만한 정보와 지식은 스마트폰 몇 번만 두드리면 쉽게 얻을 수 있다. 정보의 양과 지식의 축적이 더 이상 통찰력으로 직결되지 않는다.

통찰력을 기르기 위해선 책을 많이 읽어야 한다. 책만큼 생각을 키워주고 안목을 넓혀주는 것이 없다. 책을 읽을 때 깊이 읽고, 깊이 묻고, 깊이 궁리하는 명상이 있어야 한다. 책에 나 있는 길을 따라가면 '지적인 사람'이 되고 책에 난 길을 보며 내 마음에도 길을 낼 때 '지혜로운 사람'이 된다.

"책 만 권을 읽어 신령스러운 경지와 비로소 통할 수 있고, 만 리를 여행하여 마침내 세상사를 제대로 따질 수 있으리." 중국 북송 시대 소동파의 말이다.

이미 우리는 4차 산업혁명 시대에 살고 있다. 이제 4차 산업혁명은 선택이 아니라 피할 수 없는 거대한 물결이다. 우리 사회를 덮친 새로운 패러다임이다. 우리가 사용하고 있는 스마트폰, 카톡, 페이스북 등과 우버, 에어비앤비, 알리바바 같은 기업은 몇 년 전까지만 해도 알려지지 않았다. 이런 기업들의 성장속도는 기존의 제조 기업들과는 비교할 수 없을 정도로 빠르다.

4차 산업혁명의 비밀 역시 독서 속에서 찾을 수 있다. 4차 산업의 바탕은 창의력과 상상력이다. 창의력의 바탕은 상상력이고, 상상력의 바탕은 독서다. 상상력은 통찰과 비전, 도전과 영감을 제공한다. 상상력은 동물에게는 없는, 유일하게 인간만이 발휘할 수 있는 능력이다. 또한 상상력은 연마와 경험으로 확장된다. 독서로 키울 수 있다. 다양한 삶의 경험은 감수성과 상상력을 더욱 풍부하게 한다.

4차 산업혁명은 시대의 흐름을 읽고, 답을 찾을 수 있는 '인문학적 상상력'이 주도할 것이다. 시인 김현승의 〈책〉에 관한 예찬이 가슴속을 파고든다.

가장 고요할 때
가장 외로울 때
내 영혼이
누군가의 사랑을 기다리고 있을 때
나는 책을 연다.
밤하늘에서 별을 찾듯 책을 연다.
보석 상자에서 뚜껑을 열듯
조심스레 책을 연다.
가장 기쁠 때
내 영혼이
누군가의 선물을 기다리고 있을 때
나는 책을 연다.

PART 6

세상을 따뜻하게 만드는 가치

나눔과 봉사 Helper's High

가을이 불타는 정열의 계절이면 겨울은 조용한 안식과 휴식의
계절이다. 대자연은 고요히 잠든 것 같다. 하지만 휴식은 새로운
생명의 출발을 위한 준비이며 태동을 위한 재충전인 것이다.

12월에 들어서면 거리 곳곳에서 자선냄비의 종소리가 울려 퍼진
다. 바쁘게 앞만 보고 달려온 발걸음을 잠시 멈추고 전후좌우를 살
펴보는 여유가 필요한 시간임을 알리는 종소리다. 치열한 경쟁 속
에서 미처 따라오지 못한 이웃과 사회의 그늘진 곳을 살펴보는 사
랑의 나눔과 봉사가 필요한 때다.

우리는 압축 성장 전략으로 추진된 산업화 과정에서 생긴 빈부
격차와 실업 등 양극화 현상을 치유할 수 있는 여유를 갖지 못했
다. 그것은 우리 가정의 아이들 교육에서도 잘 나타나고 있다.

영국의 어머니들은 "양보하라."고 가르치고, 일본의 어머니들은

"남에게 폐를 끼치지 말라."고 가르치고, 미국의 어머니들은 "봉사하라."고 가르친다. 반면에 우리 한국의 어머니들은 "열심히 공부하라.", "경쟁에서 이기고 돌아오라."고 가르친다.

우리도 이제 국민소득이 3만 달러를 코앞에 두고 있어 선진국 문턱에 서 있다. 선진국은 물질적인 소득만으로 되는 것이 아니고 가진 자들이 '노블레스 오블리주Noblesse Oblige'의 의무를 다할 때 가능하다. 사회적 약자를 보호하고 높은 신분의 도덕적인 책임을 질 때 사회가 건전하게 성장하고 발전할 수 있는 것이다.

1981년 5월 마더 테레사 수녀가 한국을 방문했다. 그가 머문 명동성당에 사람들이 밀물처럼 몰려들었다. 테레사 수녀는 이들에게 물었다.

"여러분은 이 나라의 가난한 이들에 대하여 알고 있나요? 나를 만나러 오는 열정으로 그들을 만나고 있습니까?"

그 순간 사람들의 얼굴이 굳어졌다고 한다.

자연계에 존재하는 모든 생물은 혼자 살아가는 듯해도 자세히 들여다보면 혼자 살아가는 생명체는 없다. 모든 존재가 상생하기 위해 '주고받음의 원리'에 의해 공존하고 있다. 나비와 꽃처럼 서로 도움을 주고받으면서 살아가는 것이 자연의 섭리인 것이다.

죽을 때까지 불우한 이웃을 위하여 헌신했으며, 유엔 아동기금 UNICEF 친선대사로 오랫동안 일했던 명배우 오드리 헵번이 자녀에게 남긴 마지막 유언이 인상적이다.

"자신만을 돌아보기보다 남을 위해 산다는 것에서 행복하고, 자신을 위해 갖는 것에서 행복하기보다 나눔의 행복이 더 크다."

그리고 이런 말도 남겼다.

"아름다운 입술을 가지려면 친절한 말을 하라. 남을 칭찬하라. 그래야 아름다운 입술이 된다. 사랑스러운 눈을 가지려면 좋은 것을 보라. 날씬한 몸매를 가지려면 다른 사람과 음식을 함께 나누라. 아름다운 머리카락을 가지려면 어린이가 손가락으로 당신의 머리를 쓰다듬게 하라. 아름다운 자세를 가지고 싶으면 결코 혼자 걷고 있지 않음을 생각하고 걸어라."

나눔과 봉사 활동은 자신에게도 이로운 행위이다. 봉사 활동을 하는 사람은 긍정적이고 행복 지수가 높다는 연구 결과도 있다. 정신의학에서는 이를 헬퍼스 하이Helper's High라고 명명한다.

가치 있는 것을 나누면서 내가 남에게 필요한 존재라는 것이 확인되면 기쁨을 느끼고 자아도 함께 발달된다고 한다. 자기 긍정이 자아 발전으로 이어지니 결국은 자신이 도움을 받게 되는 결과를 얻는다.

애써 모은 재산을 내놓는다는 것은 말처럼 쉬운 게 아니다. 하지만 일단 나눔을 실천하다 보면 마법에 걸린 것처럼 행복해지는 '법칙'이 있다고 한다.

어니스트 헤밍웨이도 자신이 거주하는 쿠바의 코브레 성당에 노벨상 수상 기념메달을 봉헌한 후 "당신이 무엇인가 소유했음을 알게 되는 것은 그것을 누군가에게 나누어 주었을 때"라고 했다. 사회복지 모금이든 구세군 자선냄비든 적은 액수라도 일단 나눔에 동참해야 그 '법칙'을 알게 된다.

나눔은 결국 자신을 구한다. 인생의 낙은 보람과 의미에서 오는 것이 아닌가!

가진 자의
노블레스 오블리주가 필요한 때

　우리나라는 1962년 경제개발을 시작한 지 50여 년 만에 산업화와 민주화를 이룩했다. 그 당시 1인당 국민소득이 80달러, 국가예산의 50% 이상을 외국 원조에 의존하던 나라가 지금은 국민소득 2만 달러가 넘고 인구 5,000만 명이 넘어야 하는 20-50클럽에 가입한 7번째 나라가 되었다.

　K-팝과 드라마가 주도하는 한류 바람이 일본과 아시아를 넘어 유럽과 지구 반대편 남미까지 불고 있다.

　노벨 경제학상을 받은 뉴욕대 토마스 사전트 교수는 서울대에 부임할 때 "한국은 경제학자라면 꼭 한 번 연구해 보고 싶은 나라"라고 하면서 "한국의 역사와 경제는 기적 그 자체"라고 말했다. 한국의 변화를 놓고 세계는 경이적인 시각으로 바라보고 있다. 안에서 바라보는 한국은 별 볼 일 없어 보일지 모르지만 밖에서 보는 한국은 대단한 것이다.

오랜 세월 동안 중국의 위세에 눌려 살다가 일제 강점기를 거친 뒤 나라가 분단되고, 북한의 도발로 6·25전쟁까지 겪었다. 더 이상 물러설 수 없는 궁지에 내몰렸던 나라가 지금은 먹고사는 문제를 해결하고 놀라운 에너지를 분출하면서 선진국의 문턱에까지 왔다.

고속 성장, 압축 성장을 하면서 앞만 보고 바쁘게 달려왔다. 그동안은 좌, 우, 뒤를 돌아볼 겨를이 없었다. 빠르게 성장하는 경제 단계에서는 부지런하면 누구나 잘살 수 있었고, 대부분이 승자였기 때문에 패자를 돌볼 필요성이 적었다.

그러나 지금은 사회 곳곳에서 경쟁에서 낙오된 사람, 경쟁에 참여하지 못한 사람의 불평과 불만이 누적되고 분출되기 시작했다. 고도성장의 후유증인 양극화의 그늘이 깊어가고 있는 것이다. 복지 개선과 경제 민주화 등 시장경제의 단점을 보완해야 된다는 목소리가 높아지고 있다.

사회주의 붕괴 이후 시장 만능주의는 부익부, 빈익빈의 논리로 마침내 대부분의 국가들을 1% 대 99%로 양분시키고 있다. 99%의 분노가 시장경제 자체에 대한 공격으로 이어질 경우 바로 1%가 가장 많은 대가를 치러야 한다는 우려의 목소리도 높다.

독일의 사회학자 막스 베버는 그의 저서 『프로테스탄트의 윤리와 자본주의 정신』에서 자본주의를 일으킨 개신교의 윤리적 근거로서 정직과 성실, 근면, 절약과 검소 그리고 나눔과 베풂을 들었다. 이러한 윤리가 뒷받침되지 못하는 자본주의를 막스 베버는 천민자본주의라고 정의했다. 천민자본주의의 특징은 정경유착, 빈부 격차 그리고 도덕의 몰락 등이다.

이런 특징을 살펴보면 바로 한국 자본주의의 현주소를 보는 것 같다. 한국 경제와 기업이 극복해야 할 1차적 과제는 이런 천민자본주의 특성에서 하루속히 벗어나는 것이다.

자본주의 발전 과정에서 생기는 빈부 격차의 양극화 문제를 해결하는 제3의 자본 중 하나가 노블레스 오블리주다. 서양의 노블레스 오블리주처럼 우리나라에도 전통적인 이웃사랑과 베풂을 실천했던 전통 명문가가 있었다. 조선시대에 경주 최 부잣집, 공주 김갑순 그리고 해남 윤씨 가문 같은 집안들은 노블레스 오블리주를 몸소 실천한 부자들이었다.

"돈을 벌기보다 쓰기가 더 어렵다."라는 옛말처럼 동서양을 막론하고 자기가 평생 모은 재산을 사회에 내놓는다는 것은 매우 어려운 결정이다. 특히 유교 문화의 영향을 받은 우리나라에서 재산을 자식에게 물려주지 않고 사회에 환원한다는 것은 결코 쉽지 않은 일이다.

자본주의의 역사가 길지 않은 우리나라는 요즘 들어서야 노블레스 오블리주 의식이 서서히 생겨나고 있는 것 같다. 그동안 일제강점기, 6·25전쟁, IMF 위기 같은 고난이 우리들에게 경제적 여유를 갖기 어렵게 만들었던 것도 사실이다.

여기에서 중요한 것은 가진 사람들의 선도적 역할이다. 조금이라도 가진 사람들이 사회적 약자를 지원하고, 건강한 자본주의 사회를 만들기 위해 앞장서서 노블레스 오블리주를 실천해야 한다.

이들이 모범을 보일 때 사회적 연대감이 더욱 공고해진다.

한국은 이제 국제사회에서 보는 시각이 많이 달라졌다. 아시아 개발은행ADB은 몇 년 전 한국이 지난 30년간 보인 고도성장을 앞으로도 지속한다면 "한국의 1인당 GDP가 2030년 5만 6천 달러로 일본을 제치고 2050년에는 9만 8백 달러로 미국과 비슷한 수준이 될 것이다."라고 예측했다.

최근 한국 경제가 저성장 시대로 접어들면서 이러한 전망에 대한 회의론도 있지만 우리 경제의 저력을 높이 평가하고 있다는 점은 분명하다.

날로 심화되어 가는 양극화 문제를 갈등 없이 치유할 수 있는 대안인 노블레스 오블리주가 하나의 문화로 정착될 때, 우리 사회는 비로소 진정한 선진 사회로 거듭날 것이다.

이타적인 사람이
성공한다

　인간은 혼자서는 살 수 없는 존재다. 사람의 신체적 능력은 어느 하나 다른 동물들보다 뛰어난 것이 없다. 인간이 자랑하는 지능조차도 혼자서는 큰 의미가 없다. 인간이 홀몸으로 자연 상태에 내던져진다면 혹독한 자연 환경에서 살아남기는 쉽지 않을 것이다.

　인류가 생존에 성공하고 위대한 문명을 이루어 낼 수 있었던 것은 의사소통 능력, 협업 능력, 결집력 등에 있다고 한다. 인간은 사회적 동물이라고 규정하는 이유이기도 하다.

　이러한 사회성이 없이 자기 가족만 알고 이웃사람과 소통, 협력이 없었던 네안데르탈인은 인간보다 더 큰 신체와 더 큰 두뇌를 가졌음에도 불구하고 현생 인류 호모 사피엔스에 의해 멸종되었다. 따라서 호모 사피엔스가 협동하고 서로 도와주는 능력을 가지고 있어 지구의 당당한 주인이 되었다는 이론이 주목을 받고 있다.

　이스라엘 히브리대 역사학자 유발 하라리는 "호모 사피엔스가 집단적으로 협력할 줄 아는 유일한 동물이기 때문에 경쟁자를 멸종시켰다."라고 주장했다.

사람들은 왜 이웃을 돕는가? 여기에 철학적인 답이 있다. 남을 도우면 결국 나에게도 도움이 돌아오기 때문에 나 자신을 생각해서 남을 돕는다는 것이다.

영국의 정치 철학자 토마스 홉스는 인간을 근본적으로 이기적 존재로 여겼다. 그래서 "자연 상태는 만인의 만인에 대한 투쟁 상태"라고 했다. 하루는 홉스가 길을 가다 구걸하는 거지에게 동냥을 주었다. 그러자 지인이 물었다.

"홉스 자네는 평소 인간을 이기적이라 주장하지 않았는가. 그런데 조금 전에 한 행동은 인간은 이기적이라는 자네 철학에 스스로 반하는 것이 아닌가?"

이때 홉스의 답변이 걸작이다.

"거지를 위해 도운 것이 아니네. 도움을 받고 기뻐하는 거지의 모습에서 내가 즐거움을 찾으니 나를 위한 것일세!"

결국 남을 돕는 것은 나한테 이익이 되니까 한다는 것이다.

『중용』에서는 자신을 희생하여 남을 도와주고 타인을 배려하는 사람을 '군자君子'라고 한다. 유교사상에서 '군자'는 이상적인 인간형으로 사회에 반드시 필요한 사람이자 모두의 지향점이기도 하다.

그러면 서양의 시각은 어떨까? 베스트셀러로 유명한 애덤 그랜트의 저서 『기버 앤드 테이커Giver and Taker』는 자기가 받은 것보다 더 많이 주는 것을 좋아하는 사람인 '기버Giver'가 자신의 이익만을 생각하고 더 받기를 원하는 '테이커Taker'보다 조직에 더 큰 이익을 가져오며 관계가 지속될수록 '기버Giver' 개인에게도 많은 보상이 따라온다는 것을 실증적으로 보여준다.

즉 동양철학 속 '군자'와 서양의 실증사례 속 '기버Giver'가 합치되는 것으로 보인다. 그리고 베푸는 사람이 되면 도덕적으로 이상적일 뿐 아니라 실용적 차원에서도 성공한다는 말이 된다.

그러나 어느 때보다 치열한 경쟁 속에서 살고 있는 현대인에게는 배려와 베풂이 사치처럼 다가오기도 한다. 그럼에도 불구하고 '먼저 베풀고 주는 것'은 복잡다단한 사회에서 성공하고자 한다면 더욱 절실한 덕목이기도 하다.

독일 출신 저널리스트인 슈테판 클라인도 자신의 저서 『이타주의자가 지배한다』에서 다음과 같이 말한다.

"이기주의가 단기적으로 볼 때는 잘살 것 같지만 장기적으로 보면 타인의 행복을 위해 노력하는 이타주의가 훨씬 앞선다. 21세기처럼 긴밀하게 연결된 사회에서는 타인의 성공이 나에게 도움이 되고 타인의 불행이 나에게도 재앙이 된다. 결국 미래 사회는 이타주의가 지배하게 될 것이다."

인간은 가정과 사회를 통해 이타적으로 발전해 나간다는 것이 학자들의 주장이다. 어리석은 사람은 자기 이익에 매달리고 지혜로운 사람은 남의 이익에 헌신한다는 말이다.

먼 옛날부터 인류는 식량이 부족한 세상에서 협력을 통해 위기를 극복했다. 원시인들의 공동 사냥은 집단 구성원의 상호 의존도를 높이고 새로운 경제 기반을 마련했다.

오늘날의 인간도 비슷한 상황에 처해 있다. 이제는 손으로 일하는 사람보다 머리로 일하는 사람이 더 많고 더 큰 가치를 창출해 낸다. 하지만 지식은 아무리 나눠주어도 줄어들지 않는다. 오히려 함께 노력할 때 더 큰 성과로 돌아온다. 그리고 성과를 아무리 혼자 간직하려 해도 소용이 없다. 이런 지식의 속성은 나눔 문화를 장려한다.

미래 경제에서 나눔 정신과 이타심의 재능이 주목받는 것은 이러한 이유에서다. 사람들은 이기적인 것 같으면서도 인간애에 대한 믿음의 숨겨진 힘에 의해서 인류 공동체를 지향하고 있다. 그것은 공감과 소통의 능력 때문이다.

사람들이 모여 있을 때 몇 사람이 웃으면 따라 웃게 되는 까닭은 감정이입 때문이며, 감정이입은 타인을 이해하는 통로로서 너와 나의 경계를 허물어 버린다. 인간은 공감을 잘하면 더 잘 배우고 더 잘 협력하게 된다. 이제 "미래는 이타주의자의 것이다."라는 말의 의미를 음미해 보자.

감사의
열매

 일 년 사계절 중 가을은 풍성한 결실의 계절인 동시에 감사의 계절이기도 하다. 대자연의 섭리로 얻은 결실에 대한 감사 풍속은 나라와 지역에 따라 차이는 있지만 감사하는 마음에는 차이가 없다.

 음력 8월 15일이 되면 우리나라에서는 한가위, 중국에서는 중추절로 즐긴다. 미국은 11월 넷째 목요일을 추수감사절Thanksgiving Day로 정하여 크리스마스 못지않게 지낸다. 미국의 추수감사절은 우리나라의 추석과 같이 수천만 명의 귀성 인파가 이동하고, 약 5천만 마리의 칠면조 요리로 성대한 잔치를 여는 날이다. 미국인들에게 이날은 풍성한 수확을 감사하는 날이기도 하지만 종교적인 의미도 크다.

 1620년, 영국에서 청교도들이 종교적 박해를 피해 메이플라워호를 타고 신대륙으로 건너와 미국 동부 플리머스에 도착했다. 신대륙에 도착한 이들은 심한 식량난과 추위, 영양실조 등으로 102명 중 44명이 죽었다. 극심한 고통 속에서도 그들에게 도움을 주었던 것은 마음씨 좋은 인디언들이었다. 인디언들은 어려운 처지에 있는 청교도들에게 옥수수와 곡물을 주었고 농사짓는 방법도 가르쳐 주었다.

청교도들은 처음 도착해서는 굳건한 공동체 의식 속에서 농사를 지었다. 그들이 수확한 모든 것들을 공동의 장소에 모았다. 그리고 필요에 따라 배분했다. 초기 청교도들은 사유물을 공동체로 가져온 뒤 공동 재산으로 만들면 모두가 행복하고 번성할 수 있다고 생각했다. 그러나 시간이 지나면서 그 결과는 틀린 것으로 나타났다.

1620년에 흉년이 들었다. 1621년에도, 1622년에도 역시 흉년이 들었다. 1623년 봄 농작물을 심을 때에 플리머스 식민지 총독으로 재직했던 윌리엄 브래드포드는 각 가정마다 땅을 나누어 주고 "모든 사람이 각자 알아서 곡식을 재배해야 한다."라고 선언했다.

그런데 결과는 기적이나 다름없었다. 대단히 큰 성과를 거두었다. 모든 사람이 근면하게 일했고 이전보다 훨씬 많은 농작물을 심었기 때문이다. 여자들은 아이를 등에 업고 기꺼이 들판에 나갔다. 늙거나 병들었던 사람들도 사유 재산의 아이디어를 흔쾌히 받아들여 자신들의 노동에 대한 열매를 즐겼다.

생산량이 충분했기 때문에 곡식을 가죽이나 다른 상품과 교환할 수도 있게 되었다. 적절한 인센티브를 받은 덕분에 청교도들은 1623년 가을에는 풍성한 수확을 즐길 수 있게 되었고, 추수감사절을 지정해 그들의 축복에 대해 신에게 감사를 드릴 수 있었다.

이렇게 관행으로 지켜오던 추수감사절은 200여 년이 지난 후 마침내 1863년 링컨 대통령이 11월 넷째 목요일을 '국가적 감사절'로 공식 발표해 당시 남북 전쟁 중이던 남군과 북군도 이날 하루만은 전쟁을 중지했다고 한다.

미국의 월 스트리트 저널은 미국의 지난 역사를 돌아볼 때 공산주의, 사회주의 실험은 초창기 3년으로 끝났다고 강조했다. 3년의 실험을 통해 사유 재산을 인정하고 개인의 능력을 인정해 주어야 한다는 인식을 갖게 되었던 것이다. 미국 사람들은 지금도 추수감사절이 되면 그러한 의미를 강조한다.

미국이라는 나라가 시작은 미미했으나 오늘날과 같은 부강한 선진국으로 발전할 수 있었던 것은 그들의 선조들이 자본주의 체제를 발전시킴과 동시에 넉넉하지 못한 가운데서도 족함을 알고 감사할 줄 알았기 때문이다.

나는 미국에서 현지 지사장으로 18년을 지냈다. 미국 자본주의의 실상을 실감할 수 있었다. 미국은 철저한 경쟁사회다. 공정한 경쟁이 미국 사회의 원동력이다. 동시에 경쟁에서 탈락한 사람들에 대해서는 사회안전망을 통해 보호하고 있다. 기업은 공정한 경쟁을 통해 부를 창출하고 고용을 확대하며 세금을 많이 내는 것을 자랑으로 여긴다. 정부는 그 세금을 가지고 사회안전망을 구축한다.

철강왕 앤드루 카네기는 "부자로 죽는 것은 수치스러운 일"이라고 하면서 부를 사회에 환원하는 전통을 만들어 노블레스 오블리주를 실천하는 위대한 나라로 만드는 데 기여했다.

빌 게이츠 등 세계의 저명한 최고경영자 50명의 10가지 특징을 다룬 『CEO가 되는 길』의 저자 토머스 J. 네프는 "성공한 사람들은 삶을 부정적으로 생각하지 않고 늘 감사하며 산 공통점이 있다."라고 말했다.

작은 것에 족함을 알고 감사할 줄 아는 마음을 갖는다면 추운 겨울도 더 견딜 만하고 따뜻함을 느낄 수 있을 것이다. 족한 마음에 복이 깃들고 감사하는 마음에 길이 트이는 법이다.

내가 가진 작은 것부터 감사하자. 그리고 가까운 사람들에게 감사하는 마음을 나누어 주자.

겸손이 필요한
사회

　세상의 변화가 너무 빠르다. 어제의 생활 방식으로 내일을 살아
갈 수 없는 세상이다. 화살처럼 빠른 게 세월이라지만 지금의 환경
변화는 우리의 상상을 넘어선다. 역사학자들은 유사 이래 최근 10
년만큼 많은 변화를 경험한 적이 없었다고 진단한다. 인텔 CEO였
던 앤드루 그로브는 "21세기는 성급하고, 조급하고, 미친놈만 살아
남는다."라고 했다.

　이런 빠른 변화 속에서 우리가 소중하게 가꾸어야 할 겸손의 가
치마저 잊혀 가는 것이 아닌지 우리를 불안하게 만든다. 환경 변화
에 관계없는 불변의 가치는 지성과 인격에서 나오는 겸손의 가치
다. 최근 일어나고 있는 사회 현상을 보면 더욱 그런 생각이 든다.

　얼마 전 대기업 임원의 항공기 승무원 폭행, 젊은 법관이 법정에
서 노인에게 쏟아내는 막말 등이 있었고, 유명 베이커리 업체 회장

은 호텔 주차 안내원에게 폭행을 가하여 사회적 비난과 불매 운동에 시달리다가 결국 사업 포기까지 선언했다. 이 모든 것이 자기를 낮추는 겸손의 부족에서 나오는 현상이다.

겸손이란 자기 자신을 낮추는 것이다. 무조건 자기 자신을 깎아 내리는 것이 아니다. 다른 사람을 존경하고, 사랑하는 마음으로 스스로를 낮추는 것이다. 자기 자신을 존중할 줄 아는 사람만이 다른 사람을 존중할 줄 안다. 자신과 타인에 대한 존중에서 비롯되는 겸손만이 진짜 겸손이다.

자연은 우리 인간에게 겸손의 미덕을 가르쳐 주는 위대한 스승이다. 고 김수환 추기경은 "대지의 겸손을 배우라."고 권면했다. 자연은 우리의 삶의 터전을 마련해 줄 뿐만 아니라, 우리가 살아가는 데 필요한 물과 양식을 제공한다. 심지어 인간이 만들어 내는 온갖 오물과 쓰레기까지도 묵묵히 받아들인다.

겸손하다는 뜻의 'Humble'이 땅을 나타내는 라틴어 'Humus'를 어원으로 한다는 것은 우연이 아니다. 언제나 낮은 곳만 찾아 흘러가는 물에서도 겸손의 미덕을 배울 수 있다.

주역에도 이런 경구가 있다.

"하늘의 도는 가득 찬 것을 일그러뜨려 겸손한 자에게 보태고, 땅의 도는 가득 찬 것을 변화시켜 겸손으로 흐르게 하며, 귀신은 가득 찬 것을 해치고 겸손한 자를 복 주고, 사람은 가득 찬 것을 싫어하고 겸손한 자를 좋아한다."

꽃에 향기가 있듯 사람에겐 인격이 있다. 경영의 대가 피터 드러커는 『현대경영』에서 "일은 배우면 되지만 경영자에게 꼭 필요하면서도 배울 수 없는 게 인격"이라고 강조했다.

겸손의 반대는 교만이다. 교만이야말로 수행이 덜된 사람들이 빠지기 쉬운 함정이다. 교만한 사람이 부귀와 권력을 얻게 되면 지나온 과정, 도움을 준 사람을 모두 잊어버린다. 대신에 인위적인 위엄을 보이거나 권위를 세우려 한다. 그러다가 결국은 무리수를 두게 된다. 교만은 스스로 화를 부르는 행동이다.

로마 제국이 번성할 때 로마는 수많은 전투에서 승리를 거두었으며 그때마다 전쟁 영웅들은 개선 행진을 벌였다. 개선 행진 속에는 전쟁 영웅을 위한 특별한 전통이 있었다. 개선을 환영하는 로마시민의 함성 속에서 자신의 처지를 망각하고 교만해지거나 다른 마음을 품지 않도록 개선장군의 뒷자리에 노예 소리꾼을 앉혀놓고 북을 치면서 라틴어 "메멘토 모리Memento mori(너는 반드시 죽는다는 것을 기억하라)"를 크게 외치게 했다.

명화 〈쿼바디스〉에 개선장군인 마커스 비니커우스 뒤에 바짝 다가선 노예가 주인의 머리에 쓴 황금 월계관을 들고 "Memento mori"를 목청껏 연호하는 장면이 나온다.

세종대왕 정치의 바탕에는 본인이 부족하다는 겸손과 세상에 훌륭한 인재가 많다는 확신이 있었다. 세종대왕은 본인이 부덕하고 능력이 모자란다는 생각을 한시도 잊지 않았고 곳곳에 인재가 있으므로 그러한 인재를 등용하고 의견을 듣는 것이 본인의 당연한 의무라고 생각했다.

　재능이 칼이라면 겸손은 칼집이다. 재능은 자신의 현재 위치에서 한 발 더 나아가도록 한다. 겸손은 시기의 칼날을 막아주고 견제의 지뢰를 제거해 주는 역할을 한다. 겸손은 또한 귀와 눈을 겸허하게 열어놓고 남의 말을 받아들이고 분발하게 만든다. 그래서 재능만 있는 자는 현재 완료형에 머물지만, 겸손을 겸비한 자는 시대를 향해 전진하므로 계속해서 발전한다.

　성패의 함정에 빠지지 않으려면 수시로 주위를 둘러보아야 한다. 둘러보고 살면 꽃, 사람, 인생도 보고, 삶의 가치를 알게 된다. 복은 검소함에서 생기고, 덕은 겸손함에서 생기며, 지혜는 고요히 생각하는 데서 생긴다.

기다림이
필요한 때

어릴 때 아버님으로부터 받은 글귀가 하나 있다. 그것은 "고진감래苦盡甘來"다. "쓴 것이 다하면 단 것이 온다."는 말이다. 너무 자주 듣고 힘들 때마다 하신 말씀이기 때문에 50~60년이 지난 지금도 내 기억 속에 생생히 각인되어 있다.

우리 생활 가운데 쓴 것은 시련과 고통이요, 단 것은 고통 끝에 얻어지는 환희요 기쁨이다. 사람들은 쓴 것은 싫어하고 기쁨은 쉽게 빨리 얻기를 바란다. 특히 고도성장 과정에서 우리 국민성 가운데에는 '빨리빨리' 문화가 생활 속에 깊숙이 자리 잡고 있다.

우리가 외국으로 나가거나 외국인이 한국에 오면 가장 먼저 익히는 말이 '빨리빨리'라고 한다. 그만큼 우리는 '빨리빨리' 문화에 익숙해 있다. 그 힘을 통하여 우리나라는 세계가 놀랄 만한 압축 성장을 해왔고 스피드가 생명인 IT 강국 반열에도 올라서게 되었다.

빛에 그림자가 따르듯 '빨리빨리' 문화에는 '대충대충'이라는 부작용이 따른다. 그 결과 부실공사, 불량제품 같은 오명도 따라다녔다.

하지만 이제 우리도 '빨리빨리'와 '철저함'을 동시에 이루는 경지에 접근했다. 품질과 가격 모두에 있어서 세계 최고의 제품들이 만들어지고 있는 것이 그 증거다. 선진국의 문턱을 넘어선 우리에게는 '빨리빨리' 문화와 함께 어떠한 역경과 고난도 참고 견디는 '기다림의 지혜'가 필요하다.

우리 경제가 어려움에 직면해 있을수록 미래에 대한 꿈과 희망의 끈을 놓치지 않는 기다림의 덕목이 절실하다. 기다릴 줄 안다는 것은 삶의 놀라운 지혜요 힘이다. 기다려야 성숙될 수 있고 기다려야 얻을 수 있다.

사람은 무엇을 기다리느냐에 따라 그 사람의 미래가 결정된다. 기다림 자체가 우리의 삶이다. 철없는 자식이 스스로 깨닫도록 기다릴 줄 아는 부모만이 철든 자식을 얻을 수 있다. 자신의 할 바를 다하고 하늘의 뜻을 기다릴 줄 아는 사람만이 세상을 얻는다.

한때 350만 부나 팔린 최고의 자기계발서 『마시멜로』 이야기의 모티브는 스탠퍼드 대학에서 열린 심리학 실험에서 나왔다. 4살짜리 아이에게 달콤한 마시멜로를 주고 15분만 참으면 하나를 더 주겠다고 했을 때 600명의 아이 가운데 400명이 참지 못하고 먹어치웠다는 것이 마시멜로의 실험 결과였다. 15년 후에 추적조사를 해봤더니 마시멜로의 유혹을 참아낸 아이들이 모두 성공적인 인생을 살고 있었다는 것이 뒷이야기였다.

"다 먹어 치우지 않고 미래를 위해 지금의 유혹을 늦출 줄 아는 것이야말로 성공의 가장 원초적인 비결"이라는 것이 이 책의 저자인 호아킴 데 포사다 박사의 말이다. 그는 또 "이렇게 평범한 진리를 실천하는 사람이 적기 때문에 자기 규율을 갖고 절제할 수 있는 사람들이 크게 성공하는 것"이라고 하였다.

한 송이 포도가 만들어지는 데도 과정이 있고 시간이 걸린다. 우선 꽃을 피게 하고 그 다음에 열매를 맺게 하고 또 여물게 한다. 이것은 무슨 일이나 차근차근 단계를 충실히 거치며 인내로써 성과를 거두어야 한다는 교훈이다. 너무 조급할 것이 아니고 너무 결과에 집착할 것이 아니다.

우리의 삶도 결과보다 그곳에 이르는 과정이 더욱 중요하다는 생각이 든다. 괴롭고 힘든 일이라도 그 과정 자체에 의미가 깔려 있기 때문에 느긋한 마음으로 잘 참으며 꾸준히 걸어가야 한다.

할아버지와 손자가 도끼 자루를 구하기 위하여 산으로 갔다. 따라가던 손자가 발이 아파오자 말했다.

"여기도 나무가 있는데 왜 자꾸 더 깊은 산속으로 들어가세요?"

할아버지는 말없이 계속 산길을 올랐다. 이윽고 산 정상 가까이 있는 절벽 위에서 할아버지는 손자에게 말했다.

"절벽의 바위틈을 뚫고 나무가 뿌리를 내려 가지를 뻗으려면 얼마나 걸려야 했겠니? 그놈을 잘라 도끼 자루로 써야 평생 써도 부러지지 않는단다. 매사 모든 것이 견딤이 있은 후에야 쓰임이 있는 법이야!"

역사의 거울을 들여다보면 치졸하고 약삭빠른 소인배들과 달리 깊고 넓은 인내심으로 후일을 기약하며 자기 길을 걸었던 위인들이 수도 없이 많다.

괴테가『파우스트』를 완성한 것은 죽음을 몇 주 앞둔 때였다. 24세에 파우스트 박사를 소재로 한 작품을 만들 생각을 하고 82세에 완성을 했으니 무려 58년이 걸린 셈이다.

불멸의 명장인 이순신 장군도 14년 동안이나 변방에서 말단 장교로 지냈고 나라가 위태로워진 후 마흔일곱에야 전라좌도 수군절도사가 되었다. 또한 스물세 번 싸워 모두 이겼음에도 임금의 오해와 의심으로 옥살이를 해야 했다.

그 밖에도 인고忍苦의 고통을 감내하고 목표를 성취한 예는 수도 없이 많다.

견딤은 미래의 나를 준비하는 과정이다. 견딤이 쓰임을 결정한다. 내게 견딤이 있어야 귀하게 쓰이는 결과를 가져온다. 세상살이 고비 고비마다 "고진감래"의 참뜻을 되새겨 보자.

나를 위한
'용서'

인간은 본래 불완전한 존재로 태어났다. 그래서 수많은 사람들과 관계를 맺으며 생활하는 동안 상처를 주기도 하고 상처를 입기도 한다. 실수로, 사고로, 고의로 예상하지 못한 일들이 때로는 일어난다. 요즘 뉴스를 보면 사랑보다는 미움이, 용서보다는 복수가 세상을 지배하는 것 같은 착각이 들 정도다. 눈만 뜨면 큰 사건에 희생된 사람들에 대한 소식이 들리니 불안 속에서 살고 있다.

비폭력과 사랑, 용서를 가르친 마하트마 간디와 마더 테레사 그리고 달라이 라마의 고요한 외침이 어느 때보다 크게 들려온다.

용서는 세상에서 가장 아름다운 이기적 행동이다. 세상 그 누구도 아닌 온전히 나 자신을 위한 행동인 것이다. 용서함으로써 나 자신이 자유로워지고 평화를 얻게 되기 때문이다.

심리학자 리 잼폴스키 박사가 말하는 '5분 용서시간'을 가지는 것도 좋은 방법이다. 매일 하루를 시작하면서 5분간, 그동안 만난 모든 사람들을 생각하며 무조건적인 용서를 하는 것이다. 마음의 평화와 웃을 수 있는 삶을 방해하는 생각들을 청소하는 데는 용서가 가장 큰 해결책이다. 용서하지 않는 마음은 자신을 끊임없이 깊은 고통 속으로 빠지게 하는 행위다. 이러한 상황에서 벗어나려면 용서의 지혜가 필요하다.

남아프리카공화국의 대통령을 지낸 넬슨 만델라는 27년 동안 억울하게 감옥에서 고생했다. 생각하면 얼마나 억울하고 분한 사연인가. 하지만 그가 대통령에 당선되어 취임식 때 자기를 괴롭혔던 감옥의 간수들을 초대해서 귀빈으로 모셨다.

미국 클린턴 대통령은 이 일이 있은 뒤에 만델라 대통령이 미국을 방문하게 됐을 때 이 사실에 대해서 이렇게 물었다.

"당신은 그렇게도 못살게 괴롭혔던 그 간수들을 도대체 어떻게 용서하고, 대통령 취임식에 초대할 수 있었던 것입니까? 그 사연을 알고 싶습니다."

그때 만델라 대통령의 대답은 세계적으로 유명한 하나의 철학이 되었다.

"제가 그들을 용서하지 아니하면 저는 여전히 감옥에 있는 것입니다. 물리적으로 감옥에서 나왔다고 자유인이 아닙니다. 내가 저 사람들을 용서함으로써만이 나는 자유인이 될 수 있습니다."

사람들 중에는 자기 스스로 만든 인생 감옥에서 한평생 고생하는 사람이 많다. 프레드 러스킨은 그의 저서 『용서』에서 "사람에게 가장 중요한 것은 오늘과 내일이다."라고 말했다. 과거는 과거일 뿐이고 현재와 미래가 중요하다는 것이다.

그런데 많은 사람들이 과거에 붙잡혀 살고 있다. 자신의 과거에 갇혀 사는 사람은 오늘과 내일의 그 소중한 생을 모두 낭비하고 있는 것이나 마찬가지다. 러스킨은 그 원인을 용서받지 못했기 때문이라고 한다. 용서하고 용서받는 것은 과거로부터 벗어날 수 있는 길이다. 또한 용서로만이 모든 두려움에서 벗어날 수 있다.

용서, 그것은 종교인의 전유물이 아니다. 그것은 삶의 지혜요, 삶의 숨통이다. 미움, 질투 그리고 원한 하나씩을 가슴에 품고 살아가는 보통 사람들에게 용서 없는 삶은 오히려 나를 고통 속으로 몰아넣는다. 그러니 얼마나 힘이 들겠는가.

자신을 떠난 연인, 우정을 버린 친구, 은혜를 원수로 갚는 자에 대한 증오의 감정을 어떻게 치유할 것인가. 이런 감정의 장애물을 뛰어넘는 유일한 길이 바로 용서다.

우리나라 사람들은 사회생활에서 특히 다툼과 불화가 많은 편이다. 남을 이해하고 용서하는 자세가 부족한 까닭이다. 통계청 자료에 의하면 2012년 한 해 고소, 고발을 당한 인원이 67만 명에 달한다. 인구 100명당 한 명 이상으로 일본보다 260배나 많다. 이 가운데 50만 명 정도가 사기, 위증, 무고 등 거짓말 범죄라고 한다.

『트러스트Trust』저자 프랜시스 후쿠야마는 "신뢰라는 사회적 자본이 결핍되면 선진 사회에 진입하기가 어렵다."라고 진단했다. 오늘날 선진국 지위를 누리고 있는 대부분의 나라가 정직, 화해, 협력, 용서라는 사회적 자본이 건전한 나라들이다.

아브라함 링컨에게는 에드윈 스탠턴이라는 정적이 있었다. 스탠턴은 당시 가장 유명한 변호사였는데 법정에서 링컨을 얕잡아 보고 무례하게 행동한 적이 한두 번이 아니었다. 세월이 흘러 대통령이 된 링컨은 내각을 구성하면서 가장 중요한 국방장관 자리에 바로 스탠턴을 임명했다.

참모들은 이런 링컨의 결정에 놀랐다. 왜냐하면 링컨이 대통령에 당선되었을 때 스탠턴은 "링컨이 대통령이 된 것은 국가적 재난"이라고 극악한 공격을 했기 때문이었다. 모든 참모들이 재고를 건의하자 링컨은 "나를 수백 번 무시한들 어떻습니까? 그는 사명감이 투철한 사람으로 국방부장관을 하기에 충분합니다."라고 했다. "그래도 스탠턴은 당신의 원수가 아닙니까? 원수를 없애버려야지요."라는 참모들의 말에 링컨은 대답했다. "저도 그렇게 생각합니다. 그러나 그것은 원수를 사랑으로 녹여 친구로 만들라는 말입니다."

링컨이 암살자의 총에 맞아 숨을 거둘 때 스탠턴은 링컨을 부둥켜안고 통곡하며 이렇게 말했다. "여기, 역사상 가장 위대한 사람이 누워있습니다." 결국 링컨은 자기를 미워했던 원수까지도 용서하고 사랑한 진정한 승리자였던 것이다.

최선의 복수는 용서라는 말이 있다. 자기가 받은 상처는 용서라는 약으로 치유될 수 있다. 그 밖에 다른 어떤 방법으로도 마음의 상처는 치유되지 않는다. 원수를 갚는 자는 원수와 별 차이가 없다. 그러나 원수를 용서하는 자는 분명히 원수보다 나은 사람이다.

"Forgiven(용서했음), Forgotten(잊어버렸음), Forever(영원히)."

이 세 개의 'F' 자가 너와 나, 우리 모두를 행복하게 만드는 비결이다.

PART 7

여행
그리고 만남

100만 평
영동농장 이야기

"열심히 일한 당신, 떠나라." 한때 유행했던 여행에 관한 광고 카피가 생각난다. 나는 여행을 좋아한다. 여행은 복잡한 일상에서 벗어나 휴식을 가져다준다. 재충전을 의미한다. 나는 해외여행도 좋아하지만 국내여행도 참 좋다. 혼자가 아니라 함께 떠나는 여행은 다양한 경험과 시각을 공유할 수 있어서 유익하다.

셀프심리코칭 전문가이자 여행 칼럼니스트로 유명한 카트린 지타는 『내가 함께 여행하는 이유』에서 여행의 의미를 설명한다. "삶도 여행이다. 우리는 수많은 타인과 삶이라는 여정을 함께 걸어 나간다. 한 치 앞이 보이지 않는 복잡한 미로에 갇히지 않고 타인과 함께 살아가기 위해서는 '나로 머물되 타인과 조화를 이루는 동행의 기술'을 익혀야 한다."

몇 해 전 1박 2일로 남도의 역사와 문학의 고장 강진을 다녀왔다. 인간개발연구원에서 '찾아가는 CEO교실'이라는 체험학습의 일환으로 30여 명이 찾아간 곳이다. 우리 일행은 다산초당, 영랑 김윤식 시인의 생가, 하멜기념관, 청자박물관 그리고 영동농장을 두루 둘러보았다.

강진은 다산 정약용 선생이 18년간 유배생활을 하면서 『목민심서』와 『경세유표』 등 5백여 권의 집필을 통해 조선 실학정신을 집대성했던 선비의 고을이다. 근래에 이르러서는 〈모란이 피기까지〉와 〈오메, 단풍 들겠네〉 등 주옥같은 서정시로 한국 시단의 이정표가 된 영랑 김윤식 시인을 배출한 문향이기도 하다. 그 외에도 강진에는 네덜란드 사람 하멜이 표류 중 머물다 간 곳을 기념하기 위해 세운 하멜기념관과 고려청자 박물관 등 역사유적이 많다.

체험학습의 절정은 강진군 도암면과 선전면에 걸쳐 있는 100만 평의 간척지 뻘밭을 개발하여 70만 평의 전국 제일의 현대식 농장을 일구어 놓은 김용복 회장과의 만남이었다.

김 회장은 전남 강진에서 찢어지게 가난한 농부의 5남매 중 막내로 태어났다. 3살 때 어머니를 여의고 배고픔에 울면서 자랐다고 한다. 가정형편이 어려워 시골 중학교 2학년을 마치지 못하고 학업을 중단하고 책가방 하나만 메고 고향을 떠났다. 낯선 부산에서 밥은 얻어먹고 잠은 역 대합실에서 자면서 방황하다가 운 좋게 미군 병사의 손에 이끌려 미군 부대로 갔다. 철조망 안에서 하우스보이로 일자리를 얻어 3년간 온갖 힘든 일을 하면서 영어를 배우고 운전기술도 배웠다.

그 이후 1965년 김 회장은 5년 동안 미국 회사의 파월 노무자로 고용되어 베트남에서 일했다. 그때 매달 받은 월급을 본국으로 송금하여 강남 말죽거리에 1만여 평의 땅을 매입했다. 지금 시가로 치면 약 7,000억 원은 족히 될 것이라고 한다. 귀국 후 그 땅을 전부 팔아 새로운 사업에 투자했으나 대형 화재로 인해 모든 것은 실패로 끝났다. 다시 무일푼으로 고향 강진으로 내려가 대일본 수산물 수출업을 시작했으나 일본의 수입금지 조치로 역시 실패하고 말았다. 부부와 아들, 딸 네 식구가 픽업트럭에 짐을 싣고 경기도 성남시에 와서 단칸방에 살면서 식당업을 했으나 성공하지 못하고 빈털터리가 되었다.

1975년에는 식구들을 남겨놓고 미국 용역회사에 고용되어 단돈 7달러를 주머니에 넣고 사우디아라비아로 떠났다. 3년간 이 회사에서 일하다가 개인 사업을 하기로 결심했다.

평소에 독서를 좋아했던 김 회장은 이스라엘 농업에 관한 책을 읽고 아이디어를 얻어 1978년 삽 4자루와 한국에서 데려간 인부 8명으로 척박한 땅 사우디아라비아에서 영동농장을 시작했다. 일 년 내내 비 한 방울 내리지 않고 섭씨 40~50도를 오르내리는 사막의 지하 수백 미터에서 지하수를 뽑아 올려 무와 배추 재배를 시작했다.

모두가 "안 된다. 정신 나간 사람이다. 미친 짓이다." 하면서 비웃기도 했다. 성공을 확신한 김 회장은 천신만고 끝에 첫 수확한 배추 500Kg을 한국 건설회사에 납품하고 많이도 울었다고 한다. 그때 흘린 그 감격의 눈물, 기쁨의 눈물을 잊을 수가 없다고 회상했다.

사우디에서 큰돈을 거머쥔 김 회장은 14년간의 열사의 사막생활을 정리하고 1989년 영구 귀국했다. 김 회장은 전남 강진군에 버림받은 간척지 100만 평을 매입해 네덜란드 회사에 용역을 주어 70만 평에 초현대식 농업단지를 만들었다. 영농 방법은 자체에서 개발한 미생물농법과 유기농법으로 농약을 전혀 쓰지 않는 것이었다.

또한 음악농법을 도입하여 그 넓은 들판에 스피커를 설치하고 오전에는 모차르트 클래식 음악을, 오후에는 전통 농악을 울려 퍼지게 해 벼의 성장을 도왔다. 이런 방식으로 밥맛이 좋은 쌀을 연간 1만 2천 석 생산하는 성공 스토리를 이루어 냈다.

김 회장은 학업에 대한 열정도 대단하여 30대 나이에 야간대학을 졸업했고, 2008년 모교인 건국대학교에서 명예 박사학위도 받았다.

김 회장은 재물에 대한 가치관도 확실했다. "나의 재산은 나 혼자만의 재산이 아니라 사회공익을 위해 일시 맡겨진 것이라고 믿기 때문에 기꺼이 내놓을 것"이라고 했다. 장학 사업으로 1982년 '용복장학재단'을 설립하여 지금까지 114명의 학생에게 장학금을 지원하고, 2003년에는 100억 상당의 재산을 출자해 '한사랑농촌문화재단' 선포식도 가졌다.

무일푼의 맨손으로 출발하여 수많은 실패와 좌절을 넘어 인간승리를 이룬 산증인을 만나니 저절로 고개가 숙여졌다.

21세기에는
멘토링하라

배는 항구에 정박해 있을 때 가장 안전하지만 항구에 세워두기 위해 만들지는 않는다. 배는 풍랑의 바다에도 어두운 밤에도 목적지를 향해 떠나야 한다. 우리의 삶도 마찬가지다. 아무리 세상이 어려워도 정체된 상태에서 머물 수는 없다. 하루가 다르게 급변하는 환경 속에서도 삶의 목적지를 향해 달려야 한다.

인간은 누구나 미래에 대한 불안과 두려움을 가지고 살아간다. 바다를 항해하는 선박에 뱃길을 안내하는 나침반과 등대가 있듯이 우리의 삶에도 많은 경험, 지식 그리고 지혜를 가지고 미지의 세계로 안내하는 길잡이, 멘토가 필요하다.

멘토는 그리스 신화에서 유래했다. 트로이 전쟁에 나가는 이타케섬의 왕 오디세우스가 어린 아들 텔레마코스를 친구이자 조언자인 멘토에게 맡기고 떠났다. 멘토는 오디세우스가 돌아오기까지

텔레마코스를 20년간 아버지 대신 돌보고 교육하며 오디세우스의 뒤를 이을 후계자로 성장시켰다. 이 때문에 친구의 이름 멘토는 '지혜로운 조언자'라는 뜻을 가진 보통명사가 되었다.

조언자의 역할을 하는 사람을 멘토Mentor, 조언을 받는 사람을 멘티Mentee, 그리고 지식과 경험이 풍부한 사람이 구성원에게 지도와 조언을 하면서 실력과 잠재력을 개발시키는 것을 멘토링Mentoring이라고 한다.

멘토를 동양적으로 해석하면 사부師傅에 해당할 것이다. 역사적으로 보면 탁월한 업적을 남긴 인물들에게는 대개 사부가 있었다. 이 사부들은 상담자이기도 하지만 일상적인 상담 차원에서만 그치는 것이 아니고 멘티의 운명을 내다보는 신통력을 지녔던 사람들이다.

예를 들어 이성계를 도와주었던 무학대사의 경우가 그렇다. 어떤 분야든지 찾아보면 그 분야의 멘토는 반드시 있게 마련이다. 복중의 복은 멘토를 잘 만나는 복일 것이다.

훌륭한 멘토는 남들이 닮고 싶을 만한 훌륭한 인격과 윤리의식을 갖추어야 한다. 도덕적으로 하자가 있으면 아무리 테크닉이 좋아도 좋은 멘토가 될 수 없다. 또한 자기를 낮추고 조직을 위하여 희생정신을 발휘할 줄도 알아야 한다. 특히 상황이 좋지 않을 때 포기하지 않고 꾸준히 훈련시킬 수 있는 내적인 자신감을 갖추어야 한다. 합리적이고 논리적인 일관성도 잃지 않아야 한다.

그렇다고 멘토가 특별한 지식이나 능력을 가진 사람만이 될 수 있는 것은 아니다. 우리의 삶 아주 가까운 곳에 있기도 하다.

빌 게이츠의 인생에 가장 큰 영향을 준 사람은 그의 아버지라고 한다. 그의 아버지는 어린 시절 운동을 못했던 빌 게이츠를 늘 격려했고, 즐길 수 있도록 도왔는데, 그것이 지금 성공의 근간이 되었다고 한다. 미국 대통령 오바마는 어머니가 마틴 루터 킹의 연설집을 쥐어주어 인생을 바꾸는 계기를 만들어 주었다.

따뜻한 관심과 조언을 줄 수 있는 사람이라면 다른 이의 삶에 훌륭한 방향타가 될 수 있을 것이다. 나의 행동 하나, 조언 한 마디에 누군가가 삶의 방향을 잡고 흔들림 없는 인생을 개척해 나간다면 그만큼 가치 있는 일이 아니겠는가.

필자는 전국경제인연합회 국제경영원에서 대학생을 상대로 한 멘토 프로그램에 참여하여 10여 년 동안 남녀 대학생 4명과 멘토와 멘티 관계로 그들의 멘토 역할을 한 적이 있다. 매월 1회 이상 만나 대화와 소통의 관계를 유지했다.

특히 강조했던 부분은 첫째가 인성교육이었다. 사람은 바른 그릇이 되어야 한다. 정직하고 겸손해야 하며, 공부에 대한 열정과 인내심 그리고 항상 긍정적인 생활태도를 갖도록 해야 한다.

둘째는 독서는 물론이고 외국어 공부를 강조했다. 영어는 이미 세계 언어가 되었기 때문에 기본적으로 잘해야 되지만, 앞으로 다가올 아시아 시대를 대비하여 중국어와 일본어도 공부하도록 강조했다.

이들 중 이미 한 사람은 외국 대기업에 취직해 결혼을 했고, 한 사람은 미술 전공으로 현재 미국 유학 중에 있다. 또 한 사람은 국내 대기업에 인턴 사원으로 수습 중이고, 마지막 사람은 현재 대학 재학 중이면서 활동이 매우 적극적이다. 이들 젊은 사람들과 대화하면서 필자가 배우는 것도 많았다.

이러한 멘토 멘티 활동은 세대 차이를 줄이는 기회이기도 했다. 이들이 훌륭한 사람으로 성장해 사회에 진출하는 모습을 보면서 나름대로 보람도 느낀다.

베스트셀러로 화제가 되었던 『아프니까 청춘이다』는 김난도 서울대 소비학과 교수가 불안한 청춘들에게 인생의 선배로서 보내는 메시지다. 김 교수는 누구보다 아픈 청춘을 보낸 경험을 토대로 시련을 성공의 원동력으로 삼으라고 강조한다. 남보다 늦었다고 조급해하지 말고 스스로 열망을 따라가라고 했다. 꽃은 선후의 차이가 있을 뿐 때가 되면 피는 법이니까. 시련 앞에 좌절하지 말고 자기만의 기적을 위해 차근차근 노력하면 된다고 저자는 말한다.

최근 기업과 대학에서도 멘토링에 대한 관심이 높아지고 있다. 경영자가 수행해야 할 가장 중요하고 가치 있는 역할로 부상하고 있다. 오늘날 기업들은 지난날의 지식, 전략 그리고 리더십이 더 이상 내일의 성공을 보장하지 않는다는 것을 알고 있다.

이러한 상황에서 살아남기 위해 기업은 학습조직으로 변화해야 한다. 직원들을 좀 더 책임 있는 인재로 키우기 위해 CEO는 멘토가 되어야 한다. 훌륭한 멘토는 남을 위해 나를 희생하고, 남들에게 신뢰를 이끌어 내며 존경을 받는, 겸손한 사람이다. 멘토링은 갈수록 치열해지는 경쟁에서 기업들이 필수적으로 도입해야 하는 21세기 혁신 인력육성법이다.

문화와 역사의 고장
안동을 다녀와서

  몇 년 전에 서울대 AMP로타리클럽 회원 20여 명은 경북 안동시 유은唯恩복지재단을 방문해 봉사활동을 하고, 오후에는 문화와 역사의 고장인 '하회마을'을 탐방했다. 고속도로를 따라 펼쳐지는 늦가을 산과 들의 풍경은 계절의 낭만을 한층 더하여 주었다. 서울에서 버스로 약 3시간 만에 목적지인 나눔 공동체 유은복지재단에 도착해 재단 운영에 대한 자세한 설명을 들었다.

  이 재단은 이종만 목사와 김현숙 여사 부부가 운영하는 사회적 기업으로서 장애인의 재활과 복지를 위해 출발했다.

  1994년 1월 나눔 공동체를 창립해 처음에는 봉제업으로 시작했으나, 중국의 저가 공세에 밀려 성공하지 못하고 많은 어려움을 겪었다고 했다. 심지어는 야반도주까지 생각할 정도로 숱한 시련과 고통의 시간을 보냈다. 이들 부부는 독실한 기독교의 신앙심에 의지해 다시 재기의 꿈을 꾸었다.

2002년 사회복지법인 유은복지재단을 설립하고 장애인 직업재활 시설을 갖춘 나눔 공동체로 재기했다. 정부나 사회로부터의 일방적인 시혜와 동정의 대상이 되지 않고 사회인으로서 떳떳하게 살아갈 수 있는 자활과 자립의 기반을 마련한다는 정신에 입각해 운영하고 있었다.

50여 명의 중증장애인이 생산하는 친환경 농산물은 새싹 채소, 어린잎 채소 그리고 콩나물 등이었다. 이들 식품들은 서울 시내 고급 호텔에 납품해 크게 인기를 얻고 있으며 경영도 안정을 찾고 있다고 말했다.

이종만 목사 부부는 아이도 갖지 않고 모든 장애인을 자식과 같이 보살피며 그들의 성공적인 미래를 위해 노력하고 있었다. 장애인의 교육에서도 과잉보호는 좋지 않다고 설명하면서, 과잉보호를 하면 자립 노력을 하지 않고 무엇이든지 쉽게 포기한다는 것이다.

언어훈련, 책 읽어주고 따라 하기, 칭찬, 격려, 감사, 사랑 등으로 자활 노력을 강조한 결과 중증 장애의 치유 효과도 있었다고 했다. 이들 중에는 사내 결혼도 하고 집도 마련하여 행복한 가정을 이룬 사람도 있다고 설명했다.

우리 일행은 생산시설을 돌아보며 그들이 장애를 극복하고 열심히 일하는 모습에서 큰 희망을 보았다. 점심시간에는 이 공동체에서 제공하는 채소비빔밥으로 식사를 하고, 장애인들이 서툴기는 하지만 열심히 부르는 노래도 들으며 큰 감명을 받았다.

사랑과 봉사 그리고 희생정신으로 이들 중증 장애인을 돌보는 이종만 목사 부부는 우리 봉사단을 환송하면서 밝게 웃었다. 그 모습에서 살아 계신 예수님의 이미지가 오버랩 되는 것 같았다.

오후에는 문화와 역사 탐방으로 부용대, 하회마을 그리고 병산서원을 둘러보았다.

부용대는 하회마을 서북쪽 강 건너에 있는 절벽으로 그 정상에서 내려다보니 하회마을을 한눈에 볼 수 있었다. 병풍 같은 산과 유유히 흐르는 낙동강, 늠름하게 서 있는 소나무 숲이 한 폭의 그림같이 펼쳐졌다.

하회마을은 풍산 류씨가 600여 년간 살아온 동성 마을이며, 우리나라 대표적인 유교 전통 마을로서 지금도 류씨 집안 150여 가구가 살고 있다. 임진왜란 때 영의정으로서 나라를 위기에서 구한 서애 류성룡 선생을 배출한 역사적인 마을이기도 하다.

하회마을은 1984년 국민 민속자료 122호로 지정되었고, 2010년 8월 유네스코UNESCO 지정 세계문화유산에 등재되어 세계적인 마을로 새롭게 태어났다. 1999년 4월에는 엘리자베스 2세 영국 여왕이 방문했고, 2006년에는 전 미국대통령 조지 부시, 그리고 2009년 8월 전 미국 대통령 조지 W. 부시도 방문한 세계적으로 자랑스러운 역사적 전통 마을이다.

오후 늦게 병산서원도 둘러보았다. 조선시대 대표적인 유교 건축물로서 류성룡 선생이 선조 5년에 풍산읍에 있던 것을 후학 양성을 위해 현재 위치로 옮겼다. 빼어난 자연경관이 병풍을 둘러친 듯하여 병산이라 불렀다고 한다. 산을 등지고 앞으로 낙동강이 백사장과 함께 굽이쳐 흘러가고 있어 짙은 소나무 숲과 서로 조화를 잘 이루었다.

류성룡은 25세에 퇴계 이황 선생의 제자로 들어가 공부했다. 류성룡을 만난 퇴계는 "너는 여인이 낳은 사람 같지 않고 하늘이 내린 사람 같다. 너는 나보다 뒤에 왔기 때문에 나한테 글을 배우지, 나보다 먼저 왔으면 나의 스승이 될 사람이다."라고 극찬했다고 전해진다.

송복 연세대 명예교수는 자신의 저서 『서애 류성룡 위대한 만남』에서 류성룡이 있었기에 이순신이 있었다고 평했다. 임진왜란 때 영의정으로서 류성룡은 육군을 포기하고 바다를 지키는 작전을 세웠고 육군 말단 장교인 이순신을 발탁해 전라도 수군사령관으로 배치했다. 당시 종6품이었던 이순신 장군을 정3품 당상관으로 7단계 끌어올린 것은 파격적인 발탁이었다. 누구도 상상할 수 없는 기상천외한 인사였지만 그러한 발상이 위기의 조선을 구했던 것이다.

류성룡은 1598년 11월 18일 이순신 장군이 노량에서 전사한 날 벼슬을 버리고 고향으로 돌아가서 다시는 서울로 돌아오지 않았다. 고향에서 임진왜란의 쓰라린 체험을 거울삼아 다시는 그러한 수난을 겪지 않도록 후세를 경계한다는 민족적 숙원에서 『징비록』을 썼다.

『징비록(국보 132호)』은 임진왜란을 승리로 이끈 최고 책임자의 자기 반성문인 동시에 향후 지침서이자 위기관리의 편람이기도 하다.

바쁜 일정에 쫓기어 조선시대 성리학의 대표학자인 퇴계 이황 선생의 도산서원을 보지 못한 아쉬움을 뒤로하고 안동 하회마을을 떠났다. 안동 방문은 유은복지재단의 봉사활동과 하회마을의 역사와 문화 탐방을 통하여 봉사의 의미를 다시 한 번 깨닫고, 우리의 역사의식을 일깨우는 좋은 기회가 되었다.

일생일대의
만남

　어제의 만남은 오늘의 역사가 된다. 사회적 동물인 인간은 태어나면서부터 죽을 때까지 무수한 만남의 연속 가운데서 살아간다. 그중에는 행복한 만남, 운명적 만남 그리고 잘못된 만남도 있다. 때로는 개인적인 삶과 나라의 역사를 바꾼 만남도 있다.

　개인이 가정을 이루는 남녀의 만남도 중요하다. 기업도 경영자와의 만남에 따라 기업의 성패가 좌우된다. 나라도 지도자를 잘 만나야 국민이 편안하고 부강한 나라가 된다. 우리의 역사에서도 이러한 경험을 가지고 있다.

　임진왜란 때 조선은 상상할 수 없을 정도로 취약한 모습을 보였다. 군사적 대비가 그랬고, 정치가 그랬다. 앞서 소개한 『서애 류성룡 위대한 만남』의 저자인 송복 교수는 "만약 이순신 그리고 그를 천거한 서애 류성룡이 없었다면, 지금 우리는 중국이나 일본이라는 나라의 소수민족으로 살아갈지도 모른다. 남북이 이미 400년 전부터 중국과 일본으로 분단되어 있을 가능성이 높다."라고 평가했다.

　다행히 우리에게는 이순신이 있었고 그를 천거한 영의정 류성룡이 있었다. 서애 류성룡과 이순신의 만남은 나라를 구한 위대한 만남이었다.

　인생의 흐름은 만남과 헤어짐의 파노라마다. 세상에 태어나 살아가는 동안 얼마나 많은 사람을 만나고 이별하는지 우리는 미처 자각하지도 못한다. 수를 헤아릴 수 없을 정도로 많던 학창시절의 친구들, 군대나 사회에서 만나고 헤어진 사람들, 여행지에서 만나고 헤어진 사람들, 강물이 흐르듯 우리네 인생은 만남과 헤어짐의 줄기찬 흐름의 연속으로 구성되어 있다.

　누군가와의 한 번의 만남이 사람의 일생을 송두리째 바꿔놓기도 한다. 반기문 전 유엔사무총장은 고교시절 미국을 방문해 당시 존 F. 케네디 대통령을 만났다. 그 만남으로 외교관의 꿈을 키웠고 결국 국제기구의 수장이 되었다.

　옛날부터 역사의 중요한 순간에는 '만남'이 있었다. 공자와 노자, 클레오파트라와 카이사르, 유비와 제갈공명 등 고대사 속 만남부터 1972년 닉슨과 마오쩌둥의 만남처럼 역사의 흐름을 바꾼 만남도 있다. 1963년 16세의 빌 클린턴이 백악관에서 케네디 대통령과 악수한 것을 계기로 대통령이 되겠다는 야심을 키우기 시작했다는 일화도 있다.

우리 스포츠계에서도 한 사람의 운명을 바꾼 만남이 있다. 축구 선수 박지성은 수원공고를 졸업하고 받아주는 대학이 없어 명지대 테니스 선수 몫으로 들어갔다. 왜소한 체격에 발이 빠르지 않고, 현란한 개인기를 갖춘 것도 아니었으니 그럴 만도 했다. 하지만 그는 때를 기다리며 끊임없이 자기를 채찍질했다. 왜소한 체격 때문에 늘 콤플렉스에 시달린 박지성은 '체격이 문제가 된다면 기술로 승부하자.'라는 생각을 했다.

그는 자서전 『멈추지 않는 도전』에서 "초등학교부터 고교 때까지 축구공은 내 신체의 일부분이었다. 어린 시절 코치 선생님한테 들은 바로는 발등 구석구석마다 적어도 3,000번씩 공이 닿아야 감각이 생기고, 다시 3,000번이 닿아야 어느 정도 컨트롤할 수 있게 된다고 했다. 나는 그 말을 그대로 믿었다."라고 썼다.

그는 짧은 패스와 단거리 달리기 같은 기본기 훈련을 혹독할 정도로 했다. 혹자는 박지성이 뛰는 양에 비해 기술이 떨어진다고 말한다. 몰라서 하는 소리다. 박지성만큼 기술이 뛰어난 선수는 아직 국내에는 없다. 화려하게 드러내지 않을 뿐이다.

2002년 월드컵 포르투갈전 골 장면을 보면 박지성이 얼마나 뛰어난 축구 재능을 가졌는지 알 수 있다. 이러한 박지성의 노력, 기술, 재능이 2002년 월드컵 때 히딩크 감독을 만났다. 결국 능력이 중심이 되는 유럽에 들어가서야 진정한 실력만으로 승부할 수 있었다. 박지성은 "히딩크 감독은 내 축구 인생에 큰 전환점을 만들어 주었고 축구선수로서 여러 가지 영감을 준 지도자다. 그리고 히딩크 감독이 없었다면 지금의 나도 없었다."라고 평가했다.

시인 피천득 선생은 그의 수필 『인연』에서 "어리석은 사람은 인연을 만나도 몰라보고, 보통 사람은 알면서도 놓치고, 현명한 사람은 옷깃만 스쳐도 인연을 살려낸다."라고 했다.

시작이 있으면 끝이 있듯이, 우리 모두 만남과 헤어짐을 반복하면서 살아간다. 하루에도 수없이 이루어지는 만남과 헤어짐을 소중한 인연으로 만들어가는 지혜가 필요하다. 만남을 소중하게 생각하고 감사하게 생각할 때, 새로운 시야가 열리고 새로운 세상이 펼쳐진다.

섬진강
나들이

얼마 전 사색의 계절 가을을 맞아 '섬진강 나들이' 문학 기행을
다녀왔다. 인간개발연구원 글쓰기 모임 '에세이클럽' 회원 40여 명
은 아침 일찍 서울을 출발하여 섬진강으로 향했다. 이른 아침 차창
밖으로 펼쳐지는 가을 전경이 경이로웠다. 황금빛 들판, 울긋불긋
절정에 이른 단풍, 산 중턱에 걸려 있는 아침 안개가 가을의 정취
를 한껏 더해 주었다.

버스로 약 4시간 만에 도착한 곳은 섬진강 시인으로 널리 알려진
김용택 시인의 고향 전북 임실군 덕치면 진메 마을이었다. 마을 앞
에서 기다리던 김 시인은 환한 웃음으로 우리 일행을 맞이했다.

김 시인은 이곳에서 나고, 자라고, 결혼하고, 평생 한집에서 살
며 교사라는 직업과 글쓰기라는 업으로 살아왔다. 그는 순창농고
를 졸업하여 이듬해 교사 시험을 보고 스물한 살에 교사가 되었고,
교직기간 38년 동안 자신의 모교인 덕치초등학교에서 2학년 담임

만 26년을 맡으면서 시를 썼다고 소개했다.

섬진강이 흐르는 작은 마을에 위치한 김 시인의 집은 50년 전 아버지가 손수 구한 목재와 흙으로 지은 집이라고 했다.

사립문 옆에 붙은 한글로 된 '김용택'이란 문패가 선명했다. 마당 한쪽에는 자기 시가 적힌 돌판이 있었다. 돌판을 보고 김 시인은 "초등학교 교과서에 실린 시다. 다들 이 시를 좋아한다."라고 자랑했다. 섬진강을 배경으로 농촌의 삶과 농민들의 애환, 아이들의 해맑은 순수한 동심을 노래하는 섬진강 시인 김용택. 우리 일행은 마루턱에 걸터앉아 김 시인의 글쓰기 강의를 1시간 이상 듣고 질문도 했다.

"나는 내 시를 내 삶만큼 씁니다. 글이고 뭣이고 간에 모든 것이 삶에서 나오잖아요. 내 모든 것은 이 작은 마을에서 나왔어요. 이 마을에서 들리는 자연의 소리를 옮겨 적으면 그대로 시가 되어 부럿시요."라고 말하는 김 시인은 그 자신이 자연의 일부로 살아가는 듯했다.

"아침에 뜨는 햇살, 저녁에 지는 노을, 바람소리, 물소리, 새소리, 사계절 자연의 변화를 보고, 듣고, 생각하고, 공감하면서 이해하면 자신만의 표현이 될 수 있다."는 김 시인의 삶도 너무나 자연스러웠다. 한 학교에서만 교직생활을 하다 보니 동네 사는 아버지도, 아들도 자신이 가르쳤다고 한다. 때로는 아이를 부를 때 그 아이의 아버지 이름을 부르는 에피소드도 일어난다며 웃음 지었다.

신문에 소개된 김용택 시인의 결혼 이야기는 이렇다. 1986년 섬진강 시골 초등학교에 근무하는 38세 노총각 교사가 14년 연하의 신부를 아내로 맞았다. 신부는 전주 시내 양갓집 4남 1녀의 맏딸로 고생 모르고 자라 4년제 대학을 졸업한 아가씨였다.

"그때 집사람이 나랑 결혼하겠다고 하니까 처가에서 반대가 어마어마했어요. 장인어른이 반대하시면서 '설마 우리 딸이 저런 촌놈하고 진짜 결혼할까?' 하셨다는데, 설마가 사람 잡네. 허허허!"

대학에서 문학을 배운 적도, 문단과 교류하여 영향을 받은 적도 없는 그의 시는 다른 시인과 구분되는 독특한 생명력을 지니고 있다.

그의 강의는 물 흐르듯 구수한 전라도 사투리로 이어져 시간 가는 줄 모르고 들었다. 진메 마을에서 보낸 시간이 너무 짧게 느껴졌다. 마지막으로 김 시인이 강연을 다니면서 자주 한다는 이야기를 하면서 끝을 맺었다.

"자연을 보러 가지 마라. 인간이 자연이라는 것을 깨달아라."

다음은 김용택 시인의 시 〈가을〉의 한 구절이다.

강아지풀 위에
빨간 고추잠자리가 앉아 있습니다.
바람이 살랑살랑 붑니다.
강아지풀이 흔들립니다.
가을입니다.
…(중략)…

다 우리나라 가을입니다.

돌아오는 길에 화개장터를 둘러보고 물안개 자욱한 섬진강을 따라 이동하니 최 참판댁 간판이 보이고 잠시 후 평사리 마을 입구에 들어섰다. 박경리 선생이 쓴 대하소설 『토지』의 주 무대인 하동 악양면 평사리였다. 입구에서 '박경리 토지 문학비'가 우리 일행을 맞이했다.

여기에도 가을이 먼저 와 있었다. 최 참판댁 사랑채 대청마루에 서니 황금빛으로 물든 광활한 악양 들판이 저만치 내려다보이고, 그 옆으로 흐르는 섬진강이 한눈에 들어왔다. 『토지』는 조선조 말부터 1945년 광복의 순간까지 한국 사회의 긴 여정이 담겨 있다. 이 대하소설은 1970년 이후 우리 문단을 풍미한 민족문학의 금자탑으로 여전히 읽는 이의 마음에 큰 울림을 준다.

박경리 선생이 타계하기 전에 남긴 시 〈옛날의 그 집〉의 한 구절이다.

모진 세월 가고
아아 편안하다. 늙어서 이리 편한 것을
버리고 갈 것만 남아서 참 홀가분하다.

하루에 모든 것을 다 돌아보기에는 시간이 너무 짧았다. 섬진강 저 멀리 산 넘어 해가 지고 저녁노을이 붉게 물들었다. 우리 일행은 짧지만 의미 있는 문학 기행을 마치고 돌아오는 길을 재촉했다.

가을
남도기행

결실의 계절 가을이 오면, 곳곳에 물든 단풍도 좋지만 색다른 정취를 느끼고 싶다. 도심에서는 느낄 수 없는 특유의 볼거리와 먹거리가 가득한 가을축제를 찾아 떠나고 싶은 계절이다.

지난해 10월 인간개발연구원 일행 20여 명은 2박 3일 일정으로 남도기행을 다녀왔다. 전남 영광, 강진, 여수, 남해, 삼천포까지 서남해안 일대의 명승지와 가을 풍물을 보고 체험할 수 있었던 좋은 기회였다.

아침 일찍 버스는 서울을 출발했다. 가을비가 내리는 차창에는 가을의 쓸쓸함이 묻어났다. 우리 속담에 가을비는 '떡비'라고 했다. 가을에 내리는 비를 핑계로 가족들이 모여 떡을 해 먹으며 여름철 농사로 고생한 이야기를 하면서 여유를 갖는 데서 유래했다고 한다.

거의 점심시간이 되어 버스가 전남 영광에 도착했을 때는 날씨도 개고 남도의 풍광도 아름다웠다. 점심은 영광굴비의 참맛을 볼 수 있었다.

영광굴비는 고려 때부터 유래되었다. 동지나 해역에서 월동한 조기가 해빙기가 되면 산란을 위해 연평도까지 북상하는 도중에 영광 법성포法聖浦 근해인 칠산 앞바다에서 매년 4~5월에 산란을 하는데, 이때가 알이 들어차서 맛이 좋고 대량으로 잡힌다. 이때의 조기가 영광굴비의 참맛을 낸다고 한다. 영광굴비는 예부터 임금님의 수랏상에 으뜸으로 오르는 법성포 생산의 특산품이었다. 영광은 굴비 외에도 모시잎 송편으로도 유명하고 볼거리와 이야기도 많은 지역이다.

한 세기 전까지 영광은 우리나라 해안을 연결하는 뱃길의 중요한 거점이었다. 법성포 항은 중국과 한반도를 연결하는 국제항의 역할도 했다.

그리고 삼국시대 때 인도의 승려 '마라난타'가 백제에 불교를 전했는데 법성포는 백제에 불교가 최초로 들어온 곳이다. 그 의미를 되새기면서 백제 불교의 첫 전래지인 법성면 진내리 일대에는 '백제 불교 최초 도래지'가 조성되어 있다. '마라난타사'는 생각보다 굉장히 넓고, 각종 불상과 건물들이 독특한 양식을 가지고 있어 이국적이다. 국내 어느 사찰에서도 볼 수 없는 간다라 파키스탄 양식으로 조각했기 때문이다. 우리나라에서는 경주 석굴암이 간다라 미술의 영향을 받은 대표적인 불상으로 여겨진다.

다음날은 경남 남해를 대표하는 명산인 금산을 찾았다. 금산은 산림청에서 선정한 우리나라 100대 명산 중 하나이며 남해 12경 중 하나인 데다 우리나라 명승 제39호로 지정된 곳이다. 이번 여행에서 들러본 곳 중에서 남해의 금산과 보리암이 최고의 볼거리였다.

남해 금산은 소금강 또는 남해 금강이라 불리는 삼남 제일의 명산으로 한때 해상 국립공원의 유일한 산악공원이었으며 온통 괴암, 괴석들로 뒤덮인 38경이 절경을 이루고 있다. 조선 태조 이성계가 젊은 시절 이 산에서 100일 기도 끝에 조선 왕조를 개국하게 되자 오래토록 잊지 못할 명산이라 하여 온 산을 비단으로 두른다는 뜻으로 금산이라고 했다고 한다.

정상에는 강화도의 보문사, 낙산사 홍련암과 더불어 3대 기도처의 하나인 보리암이 있다. 불타오르는 여명이 바다에서 솟구쳐 오르는 금산의 일출은 3년 동안 덕을 쌓아야 볼 수 있다는데 그 장엄함이 이루 말로 표현할 수 없는 환희를 가져다준다고 한다.

이곳 관음성지는 '관음보살님이 상주하는 성스러운 곳'이라는 뜻으로 이곳에서 기도 발원을 하게 되면 그 어느 곳보다 관세음보살님의 자비를 받는 것으로 알려져 있다. 보리암으로 올라가는 길목 군데군데에 '2017학년도 대입수능 100일 기도'라는 현수막이 걸려 있음도 이를 잘 설명하고 있다.

우리는 금산의 아름다운 풍경을 뒤로하고 거제에 들러 '맹종죽 테마파크'를 찾았다. 일반적으로 대나무 하면 담양을 떠올리기 십상이지만 거제에도 대나무 파크가 있다. 바다와 어우러진 풍경이 매력적이었다. 푸르름이 가득한 대나무 숲에서 누리는 죽림욕은 그야말로 힐링의 최적지였다.

그리고 장흥군 석불산 자락의 40년 이상 된 아름드리 편백나무 숲 속에 위치한 '편백숲 우드랜드'와 그 안에 있는 목재문화체험관, 목공 및 생태 건축체험관도 볼 만했다.

여수에서는 선상 크루즈도 장관인데, 오동도를 멀리서 볼 수 있다. 그리고 여수 해상 케이블카는 국내 최초로 바다 위를 통과하는 케이블카로 유명하다. 이것을 타면 여수 시가지 모습, 이순신 광장, 하멜 전시관, 진남관이 한눈에 들어온다.

이번 여행은 2박 3일의 짧은 시간이었지만 서남해안의 많은 역사 유적지, 명승지, 먹거리를 체험할 수 있는 유익한 여행이었다. 늦은 가을해는 기우는데 많은 것을 다 보지 못한 아쉬움을 뒤로하고 돌아오는 발걸음을 재촉했다.

PART 8

일상에서
배우다

커피 단상斷想

우리의 의식주 생활이 점점 서구화되어 가고 있다. 특히 커피는 기호음료로서 우리 곁에 자리매김하고 있다. 요즘 젊은 사람들 가운데는 점심은 김밥이나 패스트푸드로 허기를 때우더라도 4~5천 원 하는 커피를 들고 거리를 다니는 모습을 자주 목격하게 된다.

커피의 원산지는 에티오피아이지만 이를 재배하기 시작한 것은 아라비아인들이다. 에티오피아에서 카르디Cardi라는 염소치기 소년이 염소들이 빨간 열매를 먹고 나면 밤늦게까지 잠을 자지 못하는 것을 보고 이 열매를 이슬람 승려에게 건넸고, 승려들이 이를 수행 시 잠을 쫓는 묘약으로 쓰기 시작했다는 이야기가 있다.

이들은 커피나무의 해외 반출을 철저히 막고 원두를 비싼 값으로 유럽 등지에 수출했다. 그러다가 17세기 네덜란드 선원들이 커피나무를 몰래 가져다가 온실 재배에 성공하고, 네덜란드 동인도

회사가 인도네시아 자바에 대규모 커피 농장을 세우면서 대중화의 길이 열렸다.

남·북위 25도 사이에 놓인 국가를 커피벨트라고 한다. 남미, 아프리카, 아랍, 동남아 등 여러 곳이 해당되며 가장 비싼 커피는 인도네시아 야생 고양이 배설물에서 나오는 코피루악Kopi Luwak이다. 자바 섬에 사는 야생 고양이는 야자 수액과 커피 열매를 주로 먹고 산다. 커피 열매의 겉껍질은 소화가 되지만 딱딱한 씨는 배설물과 함께 그대로 내보낸다. 이것이 코피루악의 원료다.

체내 효소분해 과정에서 떫은맛이 없어지고 아미노산의 쓴맛이 첨가돼 독특한 향을 낸다. 1년에 500kg밖에 생산되지 않아 원두 1kg이 90~100만 원을 호가한다.

일반 커피 중에서는 자메이카산 블루마운틴Blue Mt.이 최고이고 가격 역시 세계 커피 중에서 제일 비싸다.

우리나라에 최초로 커피가 들어온 때는 1896년 고종 황제가 명성황후 시해 사건을 피해 러시아 공관으로 대피했을 때이다. 이때 러시아 공사 베베로의 권유로 처음으로 커피를 대접받게 되면서 한국인들에게 커피의 존재가 알려졌다고 한다.

또 다른 견해로는 1884년 우리나라에 온 미국의 천문학자 로웰이 쓴 『조선, 고요한 아침의 나라』에 커피를 대접했다는 기록이 등장한다.

그 이후 커피의 대중화에 결정적인 기여를 한 것은 6·25전쟁이었다. 1945~1950년대 미군을 통해 전쟁 중 보관과 이동이 간편한 인스턴트커피가 국내에 들어왔고, 한국 내에선 '커피=인스턴트'로 받아들여졌다.

정부는 막대한 외화 유출을 막기 위해 커피 수입을 제한한 적이 있었다. 커피 시장이 다시 열린 것은 1970년 동서식품이 국내 최초로 인스턴트커피를 생산하면서부터다.

대학가를 중심으로 음악 전문 다방들이 큰 인기를 끌었다. 그리고 1999년 외환위기 직후 드디어 스타벅스 1호점이 이화여대 앞에 세워지면서 에스프레소 전문점들의 전성기가 열리게 된다. 유행에 민감하고 가치 소비 지향적인 젊은 여대생을 대상으로 성공 여부를 가늠해 보려 한 것이다. 결국 소비 지향적인 미국식 소비 형태가 고급 브랜드라는 스토리를 입으면서 한국형 스타벅스로 다시 태어났다.

20여 년이 다 되어가는 스타벅스는 전국에 매장 1,090개로 연매출 1조 원을 넘었다. 매장은 5만 명당 1개꼴로 세계 4위다. 국내 스타벅스에서는 10잔 팔면 6잔이 아메리카노라고 하니 한국 사람의 아메리카노 사랑은 유별나다.

관세청에 따르면 2017년 국내 커피 시장 규모는 약 11조 7,397억 원으로 처음으로 10조 원을 돌파했다. 2007년 3조 원 중반에서 10년 동안 3배 이상 커진 것이다. 2017년 국내 소비 커피잔 수는 약 265억 잔으로 국민 1인당 512잔을 마신 셈이다.

한국 사람이 좋아하는 아메리카노는 진하게 추출한 에스프레소에 물을 더해 마시는 커피다. '아메리카노'의 어원은 2차 대전 당시로 거슬러 올라간다.

미국 병사들의 일부는 진한 에스프레소 커피를 도저히 못 마시겠다며 물을 타서 마셨다. 유럽 병사들이 '양키들이나 마시는 구정물'이라는 조롱의 뜻으로 '아메리카노'라고 이름을 붙였다고 한다.

미국 사람들이 연한 커피를 마시게 된 것은 18세기 '보스턴 차 사건'과도 관계가 있다. 영국에서 신대륙으로 건너온 사람들은 커피보다 홍차를 즐겨 마셨다. 그러나 보스턴 차 사건 이후 미국에선 홍차 대신 커피를 마시는 것이 애국 행위로 여겨졌고 또한 커피 바람이 본격적으로 불기 시작했다. 따라서 홍차와 가장 비슷하게 연한 농도의 커피를 마셨다. 보스턴 차 사건이 없었다면 스타벅스가 커피 전문점이 아니라 홍차 전문점이 되었을지도 모른다.

커피의 풍미를 알기 위해선 마시기 전 후각으로 느끼는 향, 커피액이 입에 들어가 촉각으로 느끼는 감, 혀로 감지되는 신맛, 단맛, 쓴맛, 짠맛 그리고 커피 액이 목으로 넘어간 뒤 남기는 뒷맛이 핵심이다.

커피 성분 중 가장 많이 관심을 받는 것은 카페인이다. 카페인은 심장 활동을 촉발시키고 정신을 맑게 한다. 반면 너무 많이 섭취하면 불면증을 유발할 수 있다. 오랜 유해 논란에도 불구하고 커피 애호가가 줄지 않는 이유는 향이나 색이 워낙 매혹적이기 때문이다.

하지만 그 유혹에 너무 빠져들면 곤란하다. 모든 것이 그렇듯 적당히 즐겨야 탈이 없다. 술은 이성을 마비시키고 숨겨진 욕망과 감성을 드러내게 만드는 감성의 음료이다. 반대로 커피는 머리를 각성 상태로 만들어 생각을 하게끔 하는 이성의 음료이다. 카페인 때문이다.

우리나라의 커피 시장 규모가 10조 원이나 되고 국민소득이 3만 달러에 육박하면서 커피 문화도 서서히 변모하고 있다. 혼자 와서 커피를 시켜놓고 오랫동안 책을 읽거나 노트북을 만지는 것이 몇 년 전만 해도 어색하고 눈치가 보였지만 지금은 그렇지 않다. 너무 조용하면 공부가 안 된다는 학생들도 있다. 노트북을 들고 이 커피점, 저 커피점을 옮겨 다니며 글을 쓴다는 소설가도 꽤 많다고 한다. 일종의 커피점의 유목민들이다.

때로는 1960~1970년대 옛날식 다방 분위기가 그리울 때가 있다. 시대의 변화와 흐름에 따라 그 정감 넘치는 대화의 공간은 추억 속으로 멀어져 가고 있다. 지금은 커피 전문점이 만들어 내는 새로운 풍속도와 변화에 적응하며 새로운 커피 문화가 형성되어 가고 있다.

5월은
아름답다

해마다 5월이 되면 남다른 느낌이 든다. 나뭇잎이 싱그러운 연둣빛으로 흔들린다. 얼굴에 와 닿는 바람은 부드럽고, 햇살은 투명하여 눈이 부신다.

계절의 여왕 5월은 새로 출발하는 삶의 모습을 담고 있다. 땅에는 생명의 싹이 꿈틀거리고 하루가 다르게 커지는 꽃잎과 나뭇잎을 보면서 신의 축복에 감사하고 생명의 의연함에 감탄하게 된다.

피천득 시인은 〈오월〉이라는 수필에서 "오월은 금방 찬물에 세수한 스물한 살 청신한 얼굴이다. 하얀 손가락에 끼어 있는 비취가락지다. 오월은 앵두다. 어린 딸기의 달이요, 오월은 모란의 달이다. 그러나 오월은 무엇보다도 신록의 달이다. 전나무의 바늘잎도 연한 살결같이 보드랍다."라고 썼다. 5월의 이미지가 생생하게 배어난다.

많은 시인들이 그려내는 '시'가 아니어도 5월은 정말 아름답다.

온 천지에 라일락과 아카시아 향기가 가득하고, 모든 생명체가 뿜어내는 기력으로 하늘과 땅 가득히 밝은 기운이 넘쳐난다. '계절의 여왕'이란 말이 조금도 지나치지 않다.

이 아름다운 계절에 유독 사랑과 감사의 행사가 많은 사연이 쉽게 이해가 간다. 어린이날, 어버이날, 스승의 날, 부부의 날, 성인의 날, 그리고 석가모니 탄신일까지 함께하니 기쁨과 행복이 가득한 달이다.

이 많은 날들 중에 가장 관심이 가는 날은 어버이날인 것 같다. 우리 국민 87%가 어버이날을 가장 소중하게 꼽는다는 통계가 나왔다. 어버이날에는 그동안 정성들여 준비한 선물을 부모님께 드린다. 세월의 흐름에 따라 어버이날의 선물도 많이 달라진다고 한다.

60년대에는 손수건, 양말 같은 생필품이 많았고, 80년대에는 생활이 조금 나아져서 영지버섯과 인삼 같은 건강식품이 많았다. 90년대에는 골프용품도 목록에 올랐고, 2000년대에는 상품권이나 현금을 선물한다고 한다.

요즘은 '문자 카네이션'으로 때우고 넘어가는 자녀도 있단다. 물론 자식이 보내주는 건 무엇이건 하찮은 게 없다. 하지만 세월 따라 세상도 변하고 풍물도 많이 변해 가는 것 같아 아쉬움이 남는다.

어버이날에 카네이션을 선물하는 풍습은 미국에서 시작되었다. 1908년 미국의 안나 자비스가 돌아가신 어머니를 추모하기 위해서 지인들에게 어머니가 생전에 좋아하던 흰색 카네이션을 나누어 주었다. 이때부터 카네이션이 어머니에 대한 사랑을 표현하는 꽃으로 알려지기 시작했다. 1914년 미국 사회에서 매년 5월 둘째 일요일이 '어머니날'로 제정됨에 따라 카네이션 선물이 공식화되었다. 어머니가 살아 계신 사람은 붉은 카네이션을, 어머니가 계시지 않은 사람은 흰 카네이션을 다는 풍습이 만들어졌다.

우리나라도 처음에는 '어머니날'로 지정되었으나 이후 아버지날에 대한 이야기가 나오면서 1973년 '어버이날'로 개칭되어 유지되어 오고 있다.

카네이션은 꽃의 색깔에 따라 다른 의미를 지닌다. 가장 인기 있는 빨간색 카네이션의 꽃말은 "당신의 사랑을 믿습니다." 또는 "건강을 비는 사랑"이라는 의미가 있다. 또 분홍색 카네이션은 "당신을 열렬히 사랑합니다." 그리고 흰색은 "나의 애정은 여전히 살아 있습니다."라는 뜻으로 돌아가신 부모에 대한 그리움과 사랑을 의미한다.

그 많은 날들 중에 이렇게 특별한 날을 지정한 것은 그 소중한 가치를 마음에 새기고 부족한 점은 깨닫게 하여 새로운 가치를 고양시키려는 의미가 담겨 있을 것이다. 우리 삶 속에서 결코 떼어놓을 수 없는 가족애와 연관된 이 '날'들은 어린이, 어버이, 스승을 위로하는 의미도 있지만 이들의 소중한 가치를 일깨워 주기도 한다.

가정에서 행복한 사람이야말로 세상에서 가장 행복한 사람이다. 가정이 흔들리면 사회가 흔들리고 결국 국가가 흔들리게 된다. 이 말은 동서고금 어디서나 통하는 일관된 잠언이다.

가정이 행복하려면 어떻게 해야 하는가? 『논어』에서 공자는 "임금은 임금다워야 하고, 신하는 신하다워야 하고, 아버지는 아버지다워야 하고, 자식은 자식다워야 한다."라고 각자의 본분에서 지켜야 할 도리를 다하여야 한다고 가르치고 있다.

세상이 각박해지고 가족이 점점 해체되는 상황에서 부모에 대한 효와 가족 사랑이 더욱 절실히 요구되는 시점이다. 또한 혈연으로 맺어진 가족뿐 아니라 이웃도 함께 내 가족같이 진정으로 품어야 할 때다. 그래야 우리 모두의 화합과 상생의 길을 열어갈 수 있을 것이다.

프랑스의 사상가 볼테르는 "세상에서 가장 길고도 짧은 것, 가장 빠르면서도 느린 것, 사람들이 별로 중요하게 여기지 않다가 잃어버리면 가장 안타까워하는 것, 아무리 좋은 것도 사라지는 것은 시간이다"라고 했다.

아름답고 화려한 봄도 빨리 지나간다. 계절 가운데 유독 짧게 느껴지는 건 봄이다. 그래서 소동파는 〈춘야春夜〉라는 시에서 "아주 짧은 시간이라도 천금과 같다—刻千金"라고 노래했나 보다. 짧은 봄이 가기 전에 가정의 행복, 어버이의 숭고한 사랑, 이웃의 소중함을 깨닫는 귀중한 시간이 되기를 소망한다.

화초에서 얻은
지혜

아파트 베란다가 작은 식물원이 된 지 벌써 10여 년이 넘었다. 처음에는 축하와 생일선물 등으로 받은 화초를 가꾸기 시작한 것이 이젠 나의 취미생활의 일부가 되었다. 그동안 지인으로부터 받은 것과 화원에서 사다 놓은 것이 이제는 크고 작은 화분 20여 개가 넘는다.

그중에서 공기정화에 좋다는 관음죽, 뱅갈고무나무, 팔손이, 재복과 행운을 가져다준다는 해피트리, 향기가 좋은 난초와 장미허브, 그리고 꽃이 보기 좋은 덴드롱 등이 특별히 나의 관심을 끈다. 집사람은 무미건조한 아파트에 녹색식물이 있어 한결 분위기가 부드럽고 공기가 정화되어 건강에 좋다고 말한다.

식물은 물, 햇빛 그리고 공기가 잘 통해야 성장하고 꽃도 피운다. 이제 주말이 되면 물 주고 거름을 주면서 가꾸는 일이 하나의 일과가 되었다. 물을 많이 주면 썩고, 적게 주면 말라죽는다. 그러나 나의 경우는 대부분 물을 많이 주어서 문제가 생긴다. 물이 넘쳐나서 마룻바닥을 적시는 경우가 한두 번이 아니다. 때로는 물을 주는 것보다 마루 닦는 일이 더 번거롭고 귀찮은 때가 많다.

그 많은 화분 중에서도 특히 덴드롱에 신경을 많이 쓴다. 꽃이 아름답기 때문이다. 처음 가져올 때는 꽃이 하얗게 피었던 화초다. 사람 키 높이의 나팔꽃과 비슷한 넝쿨류의 꽃대에 흰 꽃이 마치 팝콘을 뿌린 것처럼 매달린 것이 여간 아름답지 않았다. 그 이후 계속 물을 주고 거름을 주면서 정성껏 가꾸었으나 잎과 줄기만 무성할 뿐 1년을 넘게 기다려도 꽃을 피우지 않았다. 화원에 가서 처방을 받아왔다.

매주 주던 물을 3주 정도 주지 않았다. 잎이 시들어 떨어지고 가지만 앙상히 남았다. 거의 죽은 나무와 같았다. 그러고 나서 물을 조금씩 주었다. 며칠이 지나도 아무런 반응이 없었다. 집사람은 공연히 건드려서 좋은 나무 하나 죽였다고 원망 아닌 원망을 했다.

일주일이 지나서야 싹눈이 돋아나고 꽃봉오리도 동시에 트기 시작했다. 놀랍게도 덴드롱은 다시 활짝 꽃을 피워 보는 사람의 마음을 기쁘게 했다.

또 하나 빼놓을 수 없는 경험은 난초다. 난은 매화, 국화, 대나무와 함께 사군자四君子 중 하나다. 난의 특징은 향이다. 멀리 있으나 가까이 있으나 향의 농도가 일정할 뿐만 아니라 잡초 속에 섞여 있어도 그 향기는 감출 수 없다 하여 군자의 성품을 닮았다고 한다.

난은 또한 생명력이 강한 식물이다. 뿌리가 거의 다 썩어 들어가도 그 잎은 멀쩡하다. 다른 식물 같으면 벌써 쓰러졌을 텐데도 난은 좀처럼 어려움을 내색하지 않는다. 속이 타들어 가는데도 얼굴 표정은 담담하기 그지없다.

화분에 기름진 거름을 섞으면 난은 죽고 만다. 거름을 많이 주면 썩는다. 깨끗이 모래를 씻고, 지저분한 흙을 씻어낸 다음에 난을 심어야 한다. 생명력이 강하면서도 깨끗한 곳에서만 자라기 때문에 성품이 군자와 같다. 마음이 섬세하고 한가해야 난초의 아름다움을 감지할 수 있다.

이렇게 소중하게 키우던 난도 처음에 가져올 때는 꽃과 향기가 온 거실을 가득 채우더니, 그 이후에는 꽃을 피울 생각을 하지 않았다. 이러한 난을 꽃피우게 하는 방법은 앞의 덴드롱에서 얻은 경험과 지혜가 그대로 적용되었다. 물을 주지 않는 것이다.

일주일에 한 번씩 주던 물을 3주 정도로 수분 공급을 줄였다.

꽃을 피우기 위해서다. 죽을 고비를 넘긴 난은 본능에 따라 꽃을 피울 준비를 한다. 이때 물을 조금씩 주면 시련을 겪은 난은 다시 예쁜 꽃과 향기를 내기 시작했다.

나는 이런 경험을 통해 생활의 지혜를 얻을 수 있었다. 식물이나 동물이나 모든 생명체는 좋은 환경이나 조건보다는 시련과 고통을 통해서 꽃피고 열매를 맺는다는 사실이다.

가야금의 명인 고 황병기 교수는 소리를 잘 내는 가야금의 소재는 오동나무로 만든다고 설명한다. 오동나무 중에서도 영양분이 많은 데서 자란 것이 아니라 바위틈에서 말라죽은 오동나무로 만들어야 아름다운 소리를 낸다고 한다. 대금도 음색이 좋은 것은 보통 대나무가 아니라 병든 대나무로 만든 것이라야 좋은 소리를 낸다고 한다.

비록 식물이지만 우리 인간에게 주는 교훈이 크다. 시련과 고통 가운데서 얻어지는 성취감은 진정한 삶의 행복감이 아닐 수 없다.

인간은 고통을 경험할수록 인생의 깊이를 이해하게 되고 성숙하게 된다. "젊어서 고생은 사서라도 한다."라는 옛말처럼 젊었을 때 많은 시련에 부딪힘으로써 더욱 강하고 힘찬 발전을 할 수 있다.

창조주는 인간이 감당할 수 없는 시련과 고통은 결코 주지 않는다. 그리고 인간이 고통스러워할 때 언제나 도움의 손길을 늦추지 않는다고 했다.

세상은 엄청난 변화를 겪고 있으며 경제적으로도 어려운 가운데에 있다. 그러나 이런 시련의 시간이 지나면 아름다운 결실의 기회가 다가올 것을 기대해 본다.

"역경은 인간을 낳고 행운은 괴물을 낳는다."라는 프랑스의 격언을 다시 한 번 떠올려 본다.

행복한
사람

사람은 누구나 행복을 꿈꾸며 살아간다. 그런데 사람은 무엇으로 행복을 느끼는가? 우리를 행복하게 만들어 주는 요인은 돈, 명예, 건강, 심리상태, 취미 등 이루 셀 수 없을 정도로 많다. 그중에서 많은 사람들이 돈과 행복의 상관관계를 얘기한다.

하지만 돈 때문에 얼마나 많은 슬픈 일들이 일어나고 있는가. 예나 지금이나 돈으로 인한 비극은 우리 주변에서 수없이 목격하게 된다. 그러나 한 가지 분명한 것은 곡간에 재물을 쌓기보다는 욕심을 줄임으로써 행복을 채워갈 수 있다는 사실이다. 마음을 지키지 못하면 모든 것이 허망하기만 하다.

행복을 이야기할 때 달라이 라마는 행복의 첫 단계로 "긍정적인 감정을 갖는 것이 얼마나 몸에 이로운가를 배워야 한다."라고 말했다.

행복에 이르는 길도 마음 하나에 달렸다고 역설한다. 행복해지기 위해서 더 많은 돈, 성공과 명예, 건강한 육체, 완벽한 배우자가 필요치 않다는 것이다.

그러나 생각처럼 행복을 찾기는 그리 쉬운 일이 아니다. 과거에 대한 후회가 마음을 짓누르고, 미래에 대한 불안이 우리를 옥죄고 있기 때문이다. 걱정과 스트레스가 풀려야 육체와 정신이 행복해질 터인데도 여기에서 벗어나기가 여간 어렵지 않다.

행복하고 건강한 삶은 모두의 바람이다. 삶이 고달플수록, 경쟁이 치열할수록 행복에 대한 염원은 커지게 마련인데 그 염원은 항상 행복의 문턱에서 좌절되기도 한다. 행복은 절대적인 부가 아니다. 상대적인 부의 크기에 의하여 좌우된다고 주장하기도 한다. 우리는 남과 비교하면서 살기 때문에 불행에 빠진다.

무소유의 가르침대로 세속적인 욕망과 물질적인 욕망을 버릴 수가 없다. 남과 비교하지 않고 살기란 의외로 어렵다. 남과 비교하는 눈은 실로 내 마음속에 있다. 그 눈을 감으면 될 텐데 그게 뜻대로 되지 않는다. 행복의 비결을 알지만 실천하기가 어렵다.

카를 마르크스는 "집의 크기 자체는 중요하지 않다. 어느 집 옆에 궁전이 들어서면 그 집이 오두막으로 변해 버리는 게 문제일 뿐"이라고 했다. 주변의 부자들이 내게 불행의 씨앗이 될 수 있다는 이야기다. 과거에 비해 훨씬 잘살게 된 인류가 왜 그만큼 행복해지지 않았는지에 대한 해답이 여기에 있다. 행복은 절대적인 부가 아니라 상대적인 부의 크기에 좌우된다는 것이다.

석가는 "인간의 모든 고통은 욕망에서 온다."라고 가르쳤는데 만약 욕망을 완전히 없애버릴 수만 있다면 열반의 세계가 열린다고 하였다. 예수는 "마음이 가난한 자가 복이 있다."라고 했다. 하지만 욕망을 완전히 버리기란 우리 같은 범인으로서는 불가능한 노릇이다. 그러므로 욕망을 줄여 나가는 편이 아주 없애려고 하는 것보다 낫다.

주관적 행복을 수치로 잴 수는 없겠지만 그런 시도는 적지 않았다. 미국 경제학자 새뮤얼슨은 경제학적으로 볼 때 "행복은 소유에 비례하고 욕망에 반비례한다."라고 정의했다. 소유가 일정하다면 욕망을 줄여야 행복하다는 것이다.

돈이 많다고 행복한 것은 아니다. 돈이 없다고 불행한 것도 아니다. 행복과 불행에 있어 가장 중요한 것은 만족의 크기를 키워 나가는 것이다. 욕망의 크기를 줄이면 만족의 크기는 커질 것이기 때문이다.

영국의 민간 싱크탱크인 신경제재단NEF 발표에 따르면 부탄은 2013년 1인당 GDP 2,633달러로 세계에서 123위를 차지했다. 한국은 29위로 2만 5,975달러, 미국이 9위로 5만 3,001달러였다. 부탄은 세계 평균 1만 486달러를 훨씬 밑도는 수준이다. 그럼에도 불구하고 행복지수 조사에서 매번 세계 5위 안에 들어 사람들의 이목을 집중시켰다.

2010년 유럽 NEF가 발표한 국민행복지수 순위에서 부탄은 1위를 차지했다. 국민 100명 가운데 97명이 행복하다는 반응을 보였다. 한국은 이 조사에서 67위를 차지했다. 이는 물질적 풍요가 행복의 절대적 기준이 되지 못하다는 것을 다시 한 번 일깨워 주는 사례다.

누구나 행복을 원한다. 행복하기 위해 성공해야 한다. 그러나 외형적 조건은 행복과 직접적인 관련이 없다. 돈이 많다고 행복한 것은 아니다. 오히려 복권에 당첨된 사람들의 말로는 비참하게 끝나는 경우가 대부분이다.

행복은 마음먹기에 달려 있다. 사람은 행복해지겠다고 마음먹은 만큼 행복해질 수 있다. 진정한 성공은 결과보다는 과정에 초점을 맞춰야 한다.

성공은 목적지가 아니라 여정이다. 성공을 이뤄가는 과정에서 행복을 느끼지 못하면 성공이라 할 수 없다. 슈바이처 박사는 "성공이 행복의 열쇠가 아니라 행복이 성공의 열쇠다."라고 말했다. 성공하기 위해서는 먼저 행복해야 한다. 진정한 의미의 성공과 참다운 행복은 결코 떨어져서는 안 될 잘 어울리는 동반자다.

한때 워싱턴 포스트는 '돈과 행복'의 함수 관계에 초점을 맞춰 워런 버핏을 분석한 적이 있다. 버핏은 왜 300억 달러가 넘는 거금을 빌 게이츠가 운영하는 재단에 쾌척했을까? 결론은 행복해지기 위해서였다. 이 신문은 버핏이 "천국으로 가는 여러 가지 길이 있지만 이 길이 가장 큰길이라고 말했다."고 소개했다. 버핏은 부의 크기가 행복과 비례하지 않는다는 것을 누구보다도 잘 알았기 때문이다.

"가장 부유한 사람은 자기가 가진 것으로 만족하는 사람이다."

탈무드가 전하는 평범한 지혜를 되새겨 보자.

조선시대의
독서광

중국 송나라의 대유학자 주희는 책을 읽는 세 가지 방법으로 눈으로 보는 안도眼到, 입으로 소리 내어 읽는 구도口到, 마음으로 이해하는 심도心到를 말하고 독서삼도讀書三到라 했다. 책을 읽을 때는 주위 환경에 휘둘리지 말고 눈과 입과 마음을 함께 집중하여 읽으라는 것이다. 책에 마음이 없으면 눈이 자세히 볼 수 없고, 마음이 집중되지 않으면 대충 읽게 되어 오래 기억하지 못한다. 그래서 삼도 가운데 가장 중요한 것은 마음이라고 강조했다.

삼도를 지키기 위해서는 책을 읽기 전에 먼저 책상을 깨끗이 한 뒤 바른 자세로 책을 대하고 마음을 집중하여 자세하고 분명하게 읽어야 할 것이다.

우리 민족의 자긍심을 높여준 세종대왕은 그 삶 자체가 '독서의 삶'이었다. 어릴 때부터 유난히 책 읽기를 좋아했던 세종대왕의 독서 방법은 백독백습百讀百習이다. 좋은 책을 100번 읽고 100번 쓰는 것이다. 세종은 한 번 읽고 쓸 때마다 '바를 정正' 자를 표시해 가며, 백 번을 읽고 백 번을 썼다고 한다. 이것은 책 속에 있는 지식을 자신의 것으로 만들기 위한 과정이었다.

공자도 책을 하도 많이 읽어 가죽 끈이 닳아 세 번이나 끊어졌다는 위편삼절韋編三絕로 유명하다. 종이가 없었던 그 시대에는 대나무나 소나무를 얇게 다듬어 직사각형으로 잘라 가죽 끈으로 엮어 책을 만들었는데, 그 가죽 끈이 닳아 세 번이나 끊어졌으니 그만큼 책을 여러 번 읽었다는 뜻이다. 정말 대단한 독서량이다.

조선 500년을 통틀어 가장 공부를 열심히 한 사람으로는 17세기 명문장가 김득신을 첫손에 꼽는다. 그는 충북 괴산의 집에 있는 서재를 '억만재'라 불렀다. 1만 번 이상 책을 읽지 않으면 멈추지 않았다는 뜻에서 붙여진 이름이다. 그는 『사기』의 「백이전」을 11만 3,000번을 읽었고 유가의 주요 경서들을 거의 수만 번씩 읽었다고 전해진다.

그가 책을 수만 번씩 읽었던 이유는 어릴 때부터 매우 우둔했기 때문이다. 배우고 돌아서면 금방 잊어버려 외삼촌이 글공부를 그만두라고 할 정도였다. 그러나 어떤 비아냥거림에도 굴하지 않고 자기만의 공부법을 찾았다. 남들이 열 번, 스무 번 읽을 때 수백 번, 수천 번을 되풀이해서 읽었다. 그는 이런 독서법으로 59세에 과거에 급제하여 당대의 시인으로 추앙받았다.

조선 정조 때 실학자 이덕무 역시 우리 역사상 유명한 독서가다. 그는 책을 무척 좋아해 '책만 보는 바보'라는 놀림까지 받았다. 젊은 시절 아침, 점심, 저녁으로 햇살 따라 책상을 옮겨가며 온종일 방 안에서 책을 읽었다. 책 읽기의 이로움에 대해 그는 "굶주릴 때 책을 읽으면 배고픔을 느끼지 않게 되고, 추울 때 책을 읽으면 추위를 잊으며, 마음이 괴로울 때 책을 읽으면 천만 가지의 근심이 사라진다."라고 강조했다. 평생 동안 읽은 책이 2만 권이 넘고 손수 베낀 책이 수백 권이었다고 한다.

이덕무는 몹시 가난했다. 집은 비바람을 채 가리지 못했고, 끼니조차 자주 거를 정도였다. 한겨울 추위를 막기 위해 자다가 일어나 이불 위에 『한서』 한 묶음을 덮기도 했고, 『논어』를 바람이 들어오는 곳에 병풍처럼 세워 매서운 바람을 막기도 했다.

그렇게 열심히 책을 읽은 이덕무는 39세에 규장각 검서관에 임명되어 정조 임금의 총애를 받았다. 가난과 서자라는 신분 제약에도 불구하고 평생을 청렴과 근검으로 살았고, 명예와 절개를 귀히 여기며 자기 자신에게 매우 엄격했다. 세속의 영화에 미혹되지 않는 그의 인품은 그의 문장에서도 그윽하게 뿜어져 나왔다고 한다.

조선시대의 큰 학자들인 퇴계 이황, 율곡 이이, 연암 박지원, 정암 조광조, 화담 서경덕 등은 모두 다독多讀을 했다. 선비들에게 서재는 정신의 치열한 전쟁터이자 사색의 공간이었다. 류성룡, 송시열, 정약용, 정약전 같은 당대의 지성들은 서재에서 뜻을 세우고 경륜을 가다듬었다.

옛 선비들이 살았던 시대와 지금 우리가 살고 있는 시대는 분명히 다르다. 이들이 남긴 '독서삼도', '백독백습', '위편삼절' 같은 독서 방법은 책이 많지 않았던 과거의 모습일 수 있다. 과거의 독서법이 지식의 홍수시대인 오늘의 독서 방법과 같을 수는 없다. 그러나 가치 있는 지식을 깊이 연구해 자신의 것으로 만든다는 학습에 대한 열정과 철학은 옛날이나 지금이나 다를 것이 없다.

이 세상에서 가장 아름다운 창조물은 인간이고, 그 인간의 모습 중에서도 가장 아름다운 것은 바로 독서하는 모습이라고 했다. 메마른 우리 정서를 독서를 통해 아름답게 가꾸어 보는 지혜가 필요하다.

지금까지 독서의 중요성을 수없이 반복하면서 다각도로 강조했다. 우리 조상들에게는 독서의 DNA가 흐르고 있다. 동시에 기록하는 습관으로도 유명하다. 조선왕조실록은 왕의 일거수일투족을 기록한 놀라운 기록문화의 유산이다. 이미 유네스코 유산으로 등재되어 그 진가를 전 세계에 알리고 있다. 독서와 함께 기록하는 습관도 터득하기를 강조하고 싶다.

우리가 잘 아는 미국의 에이브러햄 링컨 대통령은 정규교육을 9개월밖에 받지 못했지만 독서를 통해 가장 위대한 대통령이 될 수 있었다. 그리고 책을 읽을 때마다 좋은 문장이나 감동적인 표현이 나오면 메모를 하고 시간 날 때마다 읽고 글을 쓸 때 인용하면서 훌륭한 글을 쓸 수 있었다. "국민의, 국민에 의한, 국민을 위한 정치"로 유명한 게티스버그 연설문도 결국 독서의 힘이었던 것이다.

독서의 중요성 그리고 기록하는 습관, 아무리 강조해도 부족함이 없을 것 같다.

정년 없는
인생

인간은 누구나 오래 살기를 희망하지만 자연의 섭리 앞에서는 무력한 존재일 뿐이다. 과학과 의학 발달에 힘입어 인간의 수명이 늘어나 장수에 대한 관심 또한 높아가고 있다. 중국을 통일한 진시황은 불로장생약을 구하기 위해 동남동녀 500명을 한반도에 보내 삼신산(한라산, 지리산, 금강산)을 헤맸으나 그도 50세밖에 살지 못했다. 세상의 부귀영화를 다 누리던 중국황제 300여 명의 평균수명도 36.7세에 불과했고, 조선시대 왕들의 평균수명도 47세밖에 되지 않았다.

우리나라 1960년대 평균수명은 52.4세였으나, 세계보건기구 who에 따르면 2014년 태어난 한국 여성의 기대수명은 85.5세로 일본(86.8세), 스페인(85.5세)에 이어 세계 3위로 나타났다. 한국 남성은 78.8세로 세계 18위이고, 남녀 전체를 합친 기대수명은 세계 10위(82.3세)였다.

한국 여성의 기대수명은 지난 2009년 83.3세에서 2014년 85.5세로, 남성은 76.8세에서 78.8세로 상승했다. 세계 여성 1위는 일본으로 86.8세이고 남성 1위는 스위스로 81.3세였다. 이제 우리의 평균수명이 90세가 될 날도 멀지 않은 것 같다.

요즘은 고령화 사회로 접어들면서 인생 2모작에 대한 관심도 높아지고 있다. 인생 1막을 열심히 살아온 장년들이 또 다른 도전으로 인생 2막을 열정적으로 살아가는 아름다운 모습을 주변에서 많이 볼 수 있다.

한국인의 대표적인 정신이라면 누가 뭐라 해도 열정이 아닌가 한다. 어떤 일에도 마음만 먹으면 내면의 불 같은 정열을 쏟아 붓는다. 전쟁의 폐허에서 불과 50여 년 만에 산업화, 민주화를 이룩하고 21세기 선진화를 위하여 내달리고 있는 국민이다.

미국의 시인 사무엘 울만은 청춘Youth에 대하여 "청춘은 삶의 기간이 아니라 마음의 상태다. 강한 의지, 풍부한 상상력, 불타는 열정의 문제다. 그것은 삶의 깊은 샘물에서 나오는 신선함이다. 젊음의 비겁함을 압도하는 용기와 안이한 삶을 거부하는 신선함이다. 당신은 믿는 만큼 젊어지고 회의하는 만큼 늙는다. 희망만큼 젊어지고 절망만큼 늙어간다."라고 노래했다.

80~90세가 넘어도 할 일을 찾아서 적극적으로 실천해 나가는 의지야말로 노화방지의 첫 번째 비결이라고 한다. 의지가 있는 한

사람은 최소한 젊게 살아갈 수 있다. 피카소도 열정이 매우 높은 사람이었다. 91세에 세상을 떠나면서도 그의 손에는 크레용이 들려 있었고, 침대에는 화구가 흩어져 있었다. 미켈란젤로가 베드로 대성전 벽화를 그린 때는 90세였다. 이들이 보여준 노후의 열정적인 삶이 우리에게 어떻게 살아가야 할지를 가르쳐 주는 교훈이다.

지금 우리는 세계화 시대, 다양성의 시대를 살아가고 있다. 제2의 인생을 준비하는 데 있어서도 각자의 개성에 따라, 창조적인 방법으로 살아갈 수 있다. 국내외의 각종 사회봉사 활동을 하며, 풍부한 경험과 지식을 활용하여 후학들을 가르칠 수도 있다. 새로운 아이디어로 실버 창업도 가능하다. 건강만 유지된다면 지식시대, 상상력의 시대에 걸맞은 창조적 방법으로 보람된 노년을 보낼 수 있는 방법도 수없이 많다.

20세기의 석학 아놀드 토인비는 81세를 맞이하여 이런 글을 남겼다. "사람은 늙어가면서 과거에 붙들려 있으면 불행하다. 또한 미래에 대하여 눈을 뜨지 않으려는 약한 마음도 생긴다. 이것은 모두 후회하는 자세이며 몸이 죽기 전에 정신은 이미 죽은 상태이다. 몸이 늙어도 계속 배워야 한다. 미래를 향하여 희망을 가지고 내다보는 용기가 사람을 젊게 만든다."

행복을 말하는 서양속담에 "서 있는 농부가 앉아 있는 왕보다 낫다."라는 말이 있다. 이 속담을 원용하면 "서 있는 노인이 앉아 있는 청년보다 낫다."는 말이 될 수 있다.

활동은 곧 행복이고 쉬는 것은 결코 행복이 아니다. 육체보다는 마음이 녹슬지 않도록 노력하며 사는 것이 건강한 장수의 비결이기도 하다. 즐겁게 살고 아름답게 늙어가는 것도 각자 하기 나름이다.

아름다운
결실의 계절

사계절이 뚜렷하게 구분되는 우리나라는 정말 복 받은 나라다. 그중에서도 결실의 계절 가을은 우리의 마음관리에 대해서 많은 것을 생각나게 한다.

"나뭇잎 하나가 떨어짐을 보고 가을이 오는 것을 안다."고 했다. 무덥고 긴 여름 끝에 성큼 다가선 가을, 아침저녁 문턱을 넘어오는 찬바람이 옷깃을 여미게 한다. 여름에 흐트러졌던 몸과 마음을 추스려야 하는 계절이다. 들판은 황금색으로 변하고 단풍으로 물든 가을은 누구에게나 풍요로운 결실의 계절이다.

아름다움과 풍요로움은 농부에게는 웃음이, 문인에게는 글이, 연인에게는 진한 사랑이 된다. 불타는 가을은 정열의 계절이다. 나뭇잎은 불과 5~6개월 동안의 짧은 생애를 마치면서 자신을 아름답게 불태움으로 마지막 봉사를 하는 것 같다. 산에도 들에도 정열의 불이 타오르고 있다.

밤이면 창틀 사이로 스며드는 귀뚜라미 소리가 정겹다. 여름철 무더위 속에서 해이했던 생활 자세를 가다듬게 한다. 덥다는 핑계로 자신의 관리에 게으르지 않았는지, 삶의 자세를 너무 이완시킨 것은 아닌지 되돌아보는 때다.

눈부신 단풍에 달빛이 비치고, 벌레소리까지 자지러지면 가을은 형언할 수 없는 낭만 속으로 흠뻑 빠져든다. 팍팍한 살림살이에 단풍놀이를 할 마음이 쉽게 생기지 않는다. 그렇지만 가을이 선사하는 단풍을 찾아 훌훌 털고 발길을 옮겨보자. 단풍 속에 빠져보면 어느새 몸과 마음까지도 함께 물들어 영혼의 안식을 얻게 될 것이다.

단풍잎은 저리도 진한 선홍빛으로 물들어 우리의 가슴을 아리게 하지만 언젠가는 사라진다. 누군가는 말했다. 사라지는 모든 것은 아름답다고. 꽃도 시들어 사라지기 때문에 아름다운 것이다. 시들어 죽지 않는 꽃은 생명의 씨앗을 잉태하지 못하기 때문에 조화에 불과하다.

저렇게 화려하게 물들었던 단풍이 퇴색해 낙엽이 질 때 그 자리에 어김없이 새봄을 준비하는 눈들이 남는다. 사라지는 것은 생명의 미학이요, 존재하는 모든 것은 함께 연출하는 예술이다. 삶은 숭고한 것이고, 치열한 삶을 다하고 맞이하는 죽음은 아름다운 것이다.

"한 알의 밀알이 땅에 떨어져 죽지 않으면 한 알 그대로 있고, 죽으면 많은 열매를 맺느니라." 산야의 단풍이 눈물겹도록 아름다운 날 성서의 한 구절이 뇌리에 자꾸만 되새겨진다. 가을이 아름다운 것은 생동하는 봄과 치열한 여름이 있었기 때문이다. 그리고 추운 겨울이 기다리고 있는 까닭이다.

이렇게 봄, 여름, 가을, 겨울 사계절이 완연하게 구분되는 대한민국에서 산다는 게 얼마나 감사한 일인지 모른다. 봄에는 봄, 여름에는 여름, 가을에는 가을, 겨울에는 겨울 이야기가 우리에게 다양한 생각과 영감을 던져준다. 계절이 바뀔 때마다 각각 다른 느낌과 기쁨을 가질 수 있기 때문이다.

윤동주 시인은 〈별 헤는 밤〉에서 이렇게 노래했다.

계절이 지나가는 하늘에는
가을로 가득 차 있습니다.
나는 아무 걱정도 없이
가을 속의 별들을 다 헤일 듯합니다.

가슴속에 하나둘 새겨지는 별을
이제 다 못 헤는 것은
쉬이 아침이 오는 까닭이요,
내일 밤이 남은 까닭이요,
아직 나의 청춘이 다하지 않은 까닭입니다.

별 하나에 추억과 별 하나에 사랑과

별 하나에 쓸쓸함과 별 하나에 동경과

별 하나에 시와 별 하나에 어머니, 어머니,

…(중략)…

그러나 겨울이 지나고 나의 별에도 봄이 오면,

무덤 위에 파란 잔디가 피어나듯이

내 이름자 묻힌 언덕 위에도

자랑처럼 풀이 무성할 거외다.

윤동주 시인의 별을 헤는 마음으로 나는 그동안 경영 일선에서 강조하며 사랑했던 말들을 조용히 헤아려 본다.

"도전, 헌신, 경쟁, 독서, 창조, 메모." 그리고 "여행, 배려, 존중, 사랑, 희망, 감사."

독일의 실존주의 철학자 하이데거는 '언어는 존재의 집'이라고 설파했다. 말은 우리 자신이고 인격이다. 말은 말한 대로 이루어지는 놀라운 힘을 가지고 있다. 4차 산업혁명 시대에 무한경쟁의 험난한 파고를 긍정적인 말, 희망이 넘치는 언어로 뛰어넘기를 기원해 본다.

기록하는 힘이
경쟁력이다

"적자생존의 뜻을 아세요?"

적자생존에는 두 가지 의미가 있다. 하나는 우리가 잘 아는 환경에 적응해야 살아남는다는 뜻이고, 또 하나는 "적는 자가 살아남는다."는 뜻이다. 메모의 중요성, 기록의 힘을 강조하기 위해 인용되는 우스갯소리다.

필자는 메모를 잘하고 자료 수집도 열심히 하는 편이다. 미국에서 18년의 주재원 생활을 마치고 1997년 IMF 때 귀국하여 신문 구독을 시작한 것이 도움이 되었다. 하루에 10여 개의 신문을 읽었다. 각 신문의 칼럼과 사설 위주로 정독하고 스크랩한 후 정치, 경제, 사회, 문화, 역사로 구분하여 컴퓨터에 저장해 놓아 작은 도서

관처럼 많은 자료를 축적할 수 있었다.

이렇게 메모를 하고 자료를 쌓아두었지만 글을 쓴다는 것은 쉬운 일이 아니었다. 언론사에서 칼럼을 써달라는 요청이 있을 때마다 거절을 해온 이유다.

글을 쓰는 데 소질이 없어서 글 쓰는 게 부끄럽고 자기를 드러내는 일 같아서 엄청난 부담으로 다가왔기 때문이다. 또 바쁘기도 했지만 글 쓰는 것은 경영자의 주요 업무가 아니라는 핑계도 영향을 주었다.

그런데 글을 쓰지 않으면 안 되는 진짜 위기 상황이 생겼다. 2007년 대구의 영남일보에 1년 동안 매월 한 편의 칼럼을 쓰는 일이었다. 지인을 통해 칼럼 요청을 받고 몇 번을 사양하였으나 필자의 소극적인 태도를 안 편집인은 '신문 칼럼 필진'이 바뀐다고 신문에 미리 안내 공고를 발표해 버린 것이다. 칼럼 필진으로 이름이 활자화되었으니 글을 쓸 수밖에 다른 방도가 없었다.

"궁하면 통하고 절박하면 이루어진다."는 말처럼 원고마감 날이 되면 신기하게도 신문사에 글을 써서 넘기게 되었다. 신문사에서 마감시간을 왜 데드라인Deadline이라고 하는지 그 연유를 이해하게 되었다. 그때 엄청난 스트레스를 받으며 1년 동안 칼럼을 썼던 경험이 필자가 공개적으로 글을 쓰는 계기가 되었다.

이 책을 마무리하면서 글쓰기의 어려움과 동시에 중요성도 다시 깨닫게 된다. 매일 매일의 생활을 글로 정리하면서 새로운 깨달음을 얻게 되고 미래에 대한 계획도 생각하게 되었다. 사실 글을 쓰는 것은 평소에 습관이 되어 있지 않으면 결코 쉬운 일이 아니다.

글쓰기는 자신의 생각을 녹여내는 사고의 과정이다. 생각은 살아온 삶의 결론이다. 글을 바꾸려면 생각을 바꾸어야 하고, 생각을 바꾸려면 삶을 바꾸지 않으면 안 된다.

마하트마 간디는 "내 삶이 곧 나의 메시지다."라고 말했다. 어떤 사람이 말하는 메시지는 그 사람의 삶이 농축된 결정체다. 삶을 담은 메시지를 쓰면 글이 되고, 그리면 그림이 되며, 소리로 담으면 노래가 되는 것이다.

필자가 이번에 처음으로 용기를 내어 책을 쓰게 된 데는 그동안 책과 글쓰기 과정에 참여해 온 경험이 큰 힘이 되었다. 인간개발연구원의 책·글쓰기학교인 에세이클럽에서 창립부터 지금까지 10여 년간 공부한 것이 유익했다. 지금은 (주)한국파마의 사보와 서울대학교 AMP로타리클럽의 주보 칼럼을 9년 동안 쓰고 있다.

또한 "글쓰기의 백미는 책쓰기다."라는 말의 의미도 실감하게 되었다. 그동안 써왔던 글들을 가지고 책을 발간하는 것은 또 다른 과정이었다. 구슬이 서 말이라도 꿰어야 보배이듯이 글들을 기획하고 보완하고 편집하여서 한 권의 책으로 발간할 수 있었다.

책쓰기 과정을 통해 필자 자신에게도 치열했던 경쟁의 현장을 돌아보고 독서와 여행 등을 통해 충전하던 시간도 정리하는 좋은 계기가 되었다.

필자는 경쟁과 배려를 일관되게 강조해 왔다. 우리나라가 6·25 전쟁 이후 최빈국에서 10대 경제대국이 된 것은 치열하게 경쟁한 덕분이다. "가난을 벗어나 잘 살아보자."는 일념으로 우리 민족은 열사의 땅 중동에서 시작하여 5대양 6대주를 누비며 죽기 살기로 노력한 덕택에 산업화, 민주화를 넘어 선진국의 문턱까지 진입할 수 있었다.

저성장 양극화 시대를 맞아 이제 공정하게 경쟁하면서 경쟁에서 탈락된 사람들에 대한 배려가 중요한 시대가 되었다. 영국의 경제학자 알프레드 마샬은 "냉철한 머리Cool Head와 따뜻한 가슴Warm Heart"을 강조했다. 4차 산업혁명 시대에 냉철한 머리로 문제에 접근하면서 따뜻한 배려의 마음으로 다가갈 때 우리나라는 선진국 대열에 합류할 수 있을 것이다.

필자의 기록과 생각 모음집인 이 책이 선한 영향력을 발휘하여 치열한 경쟁사회에서도 자신의 몫을 다하고 있는 경영자와 직장인들의 리더십, 자기계발 그리고 글쓰기와 책쓰기에 조금이라도 도움이 되기를 기원해 본다.

공정하고 따뜻한 경쟁의 이해와 정착이 우리 모두의 발전이 되기를 희망합니다!

– 권선복(도서출판 행복에너지 대표이사)

생물이 살아가는 데 있어 경쟁은 결코 빼놓을 수 없는 존재입니다. 길가의 풀 한 포기도 햇빛이 더 잘 드는 자리를 찾아 잎사귀를 뻗기 위해 서로 경쟁합니다. 생명을 가지고 태어났다면, 경쟁은 피할 수 없는 태고의 숙명이라고도 할 수 있을 것입니다. 인류 또한 지구상에 나타난 이래 수많은 생물종과 경쟁하였으며 인간끼리도 끊임없이 경쟁하는 과정 속에서 사회가 발전했습니다.

하지만 인류를 발전으로 이끌어 준 경쟁은 문명의 발전과 함께 각종 부작용 역시 낳고 있습니다. 이러한 경쟁의 부작용이 사회를 양극화시키고 화합을 어렵게 만들며 극단적으로는 대규모 전쟁 등으로 인류 존속에 위기를 가져올 수 있다는 주장과 함께 경쟁을 거부하는 사람들의 목소리도 거세지고 있습니다.

이 책『커피 씨앗도 경쟁한다』는 이렇게 두 얼굴을 가진 '경쟁'을 화두로 삼아 궁극적으로는 '4차 산업혁명'으로 상징되는 미래 경쟁에 대비하여 무엇을 준비해야 하는지 조언해 주고 있는 책입니다. 1969년 동국제강그룹에 말단사원으로 입사하여 동국산업 부회장에 이르기까지 40여 년의 세월 동안 현역으로 활동해 온 저자는 이 책을 통해 '공정한 경쟁, 배려하는 경쟁'을 강조하며 동시에 미래 경쟁사회에서는 창의력과 통찰력을 겸비하고 긍정을 생활신조로 삼은 사람만이 성공할 수 있다고 이야기합니다.

전쟁이 끝난 후 잿더미 속에서 다시 시작해야만 했던 대한민국을 5~60여 년 만에 경제선진국의 문턱까지 끌어올린 원동력은 '잘 살아 보자'라는 국민들의 긍정적 열정이었습니다. 하지만 경제적으로 먹고 살 만해지자 이러한 열정은 과도한 경쟁으로 변하여 부작용을 낳고 있습니다. 이 책『커피 씨앗도 경쟁한다』는 이러한 사회분위기 속에서 우리가 '경쟁'을 어떻게 받아들이고 어떤 방식으로 스스로를 갈고 닦아야 하는가에 대해 40여 년간 현역에서 쌓아 온 저자의 지혜를 우리에게 제공할 것입니다.

도산회사 살리기

박원영 지음 | 값 15,000원

이 책은 도산 위기를 맞이했던 한 기업의 CEO로 부임해 120일간 열정으로 경영을 정상화시키고 새롭게 달려가는 기업으로 재탄생시킨 저자의 실화를 담고 있다. 저자는 중소기업청 공인 경영지도사 자격 및 24개 업체의 경영지도 실적을 보유한 전문경영인으로 현재 (주) 유경경영자문 경영/마케팅전략 분야 상임고문으로 활동 중이기도 하다. 이러한 저자의 생생한 경험과 철학을 통해, 이 책이 대한민국의 경영인들에게 위기를 극복하는 청사진을 제시할 수 있으리라 생각한다.

기자형제, 신문 밖으로 떠나다

나재필, 나인문 지음 | 값 20,000원

삶을 흔히 여행에 비유하곤 한다. 우여곡절 많은 인생사와 여행길이 꼭 닮아 있기 때문이다. 기자로서 시작하여 나름의 지위까지 올라간 형제는, 돌연 감투를 벗어 던지고 방방곡곡을 누빈다. 충청도부터 경상도까지, 사기리부터 부수리까지. 우리나라에 이런 곳도 있었나 싶을 정도로 다양한 지명들이 펼쳐진다. 문득 여행을 떠나고 싶은 이들, 그동안 쌓아온 것을 잠시 내려두고 휴식을 취하고 싶은 분, 자연으로의 일탈을 꿈꾸는 분들에게 추천한다.

가슴 뛰는 삶으로 나아가라

주영철 지음 | 값 15,000원

이 책 『가슴 뛰는 삶으로 나아가라』는 누구나 알 만한 대기업에 입사하여 승승장구했으나 예상치 못한 '인생의 하프타임'에 갑자기 맞닥뜨리게 된 저자가 코칭과 수행을 만나면서 진정 원했던 삶을 찾아 나가는 과정을 다루고 있다. 누구나 변화와 발전을 다짐하지만 쉽지 않은 현실 속에서 이 책은 코칭이라는 길을 제시하며 현대 사회를 살아가는 모든 사람들의 가슴 속 응어리를 풀어 주는 청량제 같은 책이 될 것이다.

그랜드 차이나 벨트

소정현 지음 | 값 28,000원

만리장성의 서쪽 끝, 가욕관(嘉峪關). 서역과 왕래하는 실크로드의 관문. 이제 그 가욕관 빗장이 열리다 못해 아프리카까지 중국 주도의 일대일로(一帶一路)에 가담해 거대 시장 속에 동참하고 있다. 중국이라는 거대 경제권의 메가트렌드(Mega-trend)와 마이크로트렌드(Micro-trend)를 꿰뚫고, 새로운 시대의 경제 패러다임에 대한 깨달음을 얻고자 하는 분들에게 이 책을 적극 추천하고 싶다.

남자의 일생

김치동 지음 | 값 15,000원

이 시집 한 권을 읽다 보면 한 남자의 울음소리를 듣게 됩니다. 그리고 대한민국 수립 이후 가난밖에 없던 시절로부터 현재에 이르기까지 풍파를 온몸으로 겪어낸 이 땅의 남자들이 보입니다. 시는 인간이 표현할 수 있는 가장 거짓 없는 언어라고 합니다. 투박한 질그릇 같은 순수한 언어로 빚어낸 김치동 시인의 시를 읽노라면, 그의 삶에 깊게 패인 골을 들여다보며 함께 울고 웃게 됩니다.

코칭으로 나를 빛내라

박은선 지음 | 값 15,000원

스스로 해답을 찾고 나아가야 한다는 점에서 우리 모두는 똑같이 평등한 길을 걷고 있다. 누구나 마음의 안정과 물질적 풍요를 바란다. 하지만 무턱대고 바라는 것과 일정한 항로를 정해놓고 이 세상을 '항해'하는 것은 다르다고 볼 수 있다. 이 책을 통해 우리는 우리 내면의 길을 따라가면서 스스로 묻고 답하는 과정을 통해 나뿐만 아니라 다른 사람에게도 등대가 되어 줄 수 있는 '코칭'의 매력에 빠지게 된다. 스스로 길을 찾고자 하는 모든 이들에게 도움이 될 이야기를 들어보자.

기차에서 핀 수채화

박석민 지음 | 값 15,000원

우리가 몰랐던 국내의 다양하고 매력적인 기차역들과 주변 볼거리, 먹거리들을 만난다! 철길 인생 35년째인 저자가 펼치는 기차에 관한 다양한 역사와 흥미로운 이야기들. 기차 여행을 통해 국내의 매혹적인 관광지를 둘러보고 싶은 독자, 각 역에 얽힌 역사가 궁금한 독자가 있다면, 서슴없이 이 책을 강력히 추천한다. 저자의 기차 사랑이 듬뿍 느껴지는 책과 함께 숨겨진 보물들을 방문하다 보면 당신의 마음도 푸근함으로 가득 차게 될 것이다. 저자의 딸이 그린 아름다운 삽화 역시 가슴을 울린다.

말랑말랑학교

착한재벌샘정(이영미) 지음 | 값 15,000원

중고등학교 과학 교사로 일해 온 저자의 솔직담백한 인생 가꾸기 교과서. 저자는 어린 학생들뿐만이 아니라 어른이 되어서도 삶에 힘겨워하는 모든 사람에게 자존감을 키워주고 싶어 이 책을 쓰게 되었다고 말한다. 누구나 상처가 있지만 그 상처를 극복하고 예쁜 나비가 될 수 있음을, 그러한 '변화'를 통해 삶을 긍정적으로 가꾸어 나가기를 바라며. 저자가 콕콕 짚어주는 인생의 문제와 그것들을 다루는 '말랑말랑'한 방법들을 보다 보면 당신의 마음도 어느새 번데기에서 나비로 변화되어 있을 것이다.

알파고 동의보감

박은서 지음 | 값 25,000원

이 책 『알파고 동의보감』은 『동의보감』이 담고 있는 소중한 지식을 변화하는 현대사회의 키워드, 4차 산업혁명과 접목시켜 읽기 편하면서도 흥미진진하게 독자들에게 제시한다. 인체를 이해하는 컨트롤타워 '딥마인드'와도 같은 '정기신' 및 자연의 흐름을 통해 무병장수의 비결을 배워나가는 '인공지능'인 '양생' 등의 파트는 『동의보감』의 본질을 잃지 않으면서도 현대인의 감성에 맞는 눈높이에서 우리 조상들이 남겨 준 지혜를 펼쳐 보여줄 것이다.

펭귄 날다 - 미투에서 평등까지

송문희 지음 | 값 15,000원

전 세계를 휩쓸고 있는 미투 운동. 이제 우리나라도 예외가 아니다. 하루가 멀다하고 밝혀지는 성추문과 스캔들. 그동안 묵인되어 왔던 성차별이 속속들이 온오프라인을 뒤덮으며 '여성들의 목소리'가 마침내 수면 위로 떠올랐다. 이 책을 통해 저자는 사회 곳곳에 만연했지만 우리가 애써 무시하던 문제를 속속들이 파헤친다. 그리고 미투 운동이 나아가야 할 방향을 제시하며 미투 운동에 긍정의 지지를 보낸다. 날카롭고도 경쾌한 필치의 글을 읽다보면 당신도 페미니즘을 이해하게 될 것이다.

죽기 전에 내 책 쓰기

김도운 지음 | 값 15,000원

언론인 출신의 저자는 수도 없이 많은 글을 쓰던 중 자신의 책을 발행하고 싶다는 생각을 갖고 2008년 어렵사리 첫 책을 낸 후 지금까지 꽤 여러 권의 책을 발행했다. 그러다보니 자연스럽게 축적된 노하우를 대중에게 공유해야겠다는 생각으로 이 책을 집필했다. 이 책 속 실용적인 노하우를 통해 독자들은 책을 써야 하는 이유, 자료를 수집하는 방법, 자료를 정리하는 방법, 집필하는 방법, 출판사와 계약하는 방법, 마케팅하는 방법 등을 알 수 있을 것이다.

공무원 탐구생활

김광우 지음 | 값 15,000원

『공무원 탐구생활』은 '공무원'에 대해 속속들이 들여다본 책으로, 다양한 시각으로 공무원에 대해 분석하고 있다. 특히 '공무원은 결코 좋은 직업이 아니다'라며 기본적으로 비판적인 시각을 가지고 분석한다는 걸 특이점으로 꼽을 수 있다. 이미 공직에 몸담은 공무원뿐만 아니라, 공무원을 준비하고 있는 이들에게도 앞으로의 진로 설정 방향과 공무원에 대한 현실을 세세히 알려준다. 30년이 넘는 시간 동안 공직생활을 통해 쌓아 온 저자의 경험이 밑바탕이 되어 독자들에게 강한 신뢰감을 준다.

힘들어도 괜찮아

김원길 지음 | 값 15,000원

(주)바이네르 김원길 대표의 저서 『힘들어도 괜찮아』는 중졸 학력으로 오로지 구두 기술자가 되기 위해 혈혈단신 서울행에 오른 후 인생의 영광과 실패를 끊임없이 경험하며 국내 최고의 컴포트슈즈 명가, (주)바이네르를 일궈낸 그의 인생역정을 담고 있다. 이러한 인생역정을 통해 김원길 대표가 강조하는 그만의 인생철학, 경영철학 역시 많은 사람들에게 귀감이 될 것이며 존경받는 기업인이라는 것이 무엇인지 보여준다고 할 것이다.

성공하는 귀농인보다 행복한 귀농인이 되자!

김완수 지음 | 값 15,000원

『성공하는 귀농인보다 행복한 귀농인이 되자』는 귀농·귀촌을 꿈꿔 본 사람들부터 진짜 귀농·귀촌을 준비해서 이제 막 시작 단계에 들어선 분들, 또는 이미 귀농·귀촌을 하는 분들까지 모두 아울러 도움을 줄 수 있는 책이다. 농촌지도직 공무원으로 오랫동안 근무하고 퇴직 후에 농촌진흥청 강소농전문위원으로 활동하고 있어서 현장 경험이 풍부한 저자의 전문성이 이 책에 고스란히 녹아 있다고 하겠다.

아홉산 정원

김미희 지음 | 값 20,000원

이 책 『아홉산 정원』은 금정산 고당봉이 한눈에 보이는 아홉산 기슭의 녹유당에 거처하며 아홉 개의 작은 정원을 벗 삼아 자연 속 삶을 누리고 있는 김미희 저자의 정원 이야기 그 두 번째이다. 이 책을 통해 독자들은 '꽃 한 송이, 벌레 한 마리에도 우주가 있다'는 선현들의 가르침에 접근함과 동시에 동양철학, 진화생물학, 천체물리학, 문화인류학 등을 아우르는 인문학적 사유의 즐거움을 한 번에 누릴 수 있을 것이다.

진짜 엄마 준비

정선애 지음 | 값 15,000원

진짜 엄마가 되기 위해선 무엇을 준비해야 할까? 아이를 낳기 전 태교부터 아이를 낳고 난 후의 육아까지, 엄마들의 길은 멀고 험난하기만 하다. 여기 직접 달콤하고도 쓰린 '육아의 길'을 몸소 체득한 한 엄마의 고백과도 같은 육아 일기가 있다. 저자는 아이를 위한 길과 엄마를 위한 길 둘 다 놓쳐서는 안 된다고 이야기하며, 어떻게 하면 아이와 엄마 모두가 윈윈 할 수 있는지 친절하고 따뜻한 문체로 풀어낸다. 예비 엄마들을 위한 훌륭한 육아 계발서.

심정평화 효정평화

박정진 지음 | 값 13,000원

책 『심정평화 효정평화』는 심정과 효정의 철학으로 지구촌 평화를 그리는 박정진 저자의 철학을 담고 있다. 가부장제 시대를 넘어 여성-아이, 모-자식 관계의 새로운 가정연합이 지구촌 시대의 평화를 이룬다는 철학이다. 또한 로봇 문명 시대의 인간의 강점과 덕목으로 정을 내세우면서 인간성의 회복이 앞으로의 시대에 중요하게 될 것이라 예견한다.

마음 Touch! 감성소통

박신덕 지음 | 값 15,000원

책 『마음 Touch! 감성소통』은 타인과의 소통에서 불편을 겪는 사람들에게 명쾌한 해답을 들려준다. 아무리 대화를 해도 '말이 통한다'는 느낌을 받기 어려운 요즘, '진심'을 통해 소통할 때 상대방의 마음뿐만 아니라 내 마음까지도 부드럽게 어루만져 주는 '감성소통'을 할 수 있다고 강조한다. 저자가 직접 수많은 사람들을 만나고 대화하며 얻은 '소통의 노하우'가 이 책 한 권에 모두 담겨 있다.

웃음은 나의 생명꽃

이현춘 지음 | 값 15,000원

『웃음은 나의 생명꽃』은 웃음을 통해 행복을 찾고 인생의 전환기를 맞이한 저자의 생생한 이야기가 담긴 책이다. 행복의 조건 중 가장 중요하다고 할 수 있는 건강을 잃고 절망 속에서 하루하루를 보낼 때, 모든 역경을 이겨내고 행복한 삶을 살아가는 데 원동력이 되어 준 것을 바로 '웃음'이라고 강조하고 있으며 늘 행복이 멀리 있다고 여기는 우리에게도 생각의 전환을 가져다준다.

71세에 떠난 좌충우돌 배낭여행기

고계수 지음 | 값 20,000원

『71세에 떠난 좌충우돌 배낭여행기』는 남·중미·북미·오세아니아를 여행한 저자의 이야기가 생생하게 담긴 여행 에세이다. 여행이라는 소중한 경험 속에서 또 다른 문화를 접하고 새로운 일도 겪지만, 순탄하지 못한 여행을 하며 느낀 단상들도 이 책에는 과장이나 거짓 없이 진솔하게 기록되어 있다. 젊은 사람들 못지않은 즐겁고 유쾌한 여행기가 독자들의 흥미를 불러일으킨다.

세상의 문을 두드려라

한영섭 지음 | 값 20,000원

이 책 『세상의 문을 두드려라』는 전국경제인연합회 입사 후 인간개발연구원 4대 원장에 이르기까지 쉴 새 없는 도전의 삶을 살았던 한영섭 저자가 지나온 인생 동안 세계 각지를 돌아다니면서 겪었던 이야기들을 풀어낸 여행기인 동시에 회고록이다. 각계각층의 경영인들과 함께 세계를 누벼 온 저자가 다양한 사람들과 함께 해외를 여행하며 위기와 갈등, 도전에 잘 대처하는 모습에서 우리는 '섬김의 리더십'이 무엇인지 느낄 수 있다.

라벤더, 빛의 선물

모니카 위네만, 마기 티설랜드 지음, 박하균 역 | 값 17,000원

이 책 『라벤더, 빛의 선물』은 이렇게 고대부터 현대에 이르기까지 유럽에서 '허브의 여왕'으로 사랑받아 왔고 최근에는 전 세계적으로 사랑받고 있는 허브식물 라벤더에 대한 지식과 활용법을 광범위하게 전달한다. 라벤더의 역사와 효능, 재배 방법, 오일 증류법, 에센스 활용법 등 이 책이 다루고 있는 라벤더에 대한 지식은 광범위하면서도 깊이가 있고, 이해하기 쉬우면서도 실용적이다.

'腸(장) 누수'가 당신을 망친다

후지타 고이치로 지음 | 값 17,000원

책 『腸(장) 누수'가 당신을 망친다』에서는 생소한 용어인 장 누수에 관해 소개하고 장 누수로부터 일어나는 각종 문제를 설명하고 있다. 다년간 도쿄대 의대 교수로 재직했던 저자가 스스로 만들어 낸 장 건강을 회복하는 레시피를 담고 있어 자극적인 식습관과 음주로 인해 여러 합병증을 겪는 현대인들에게 새로운 식생활 및 습관을 실천하는 데 지침을 줄 것이다.

뉴스와 콩글리시

김우룡 지음 | 값 20,000원

이 책 『뉴스와 콩글리시』는 TV 뉴스와 신문으로 대표되는 저널리즘 속 콩글리시들의 뜻과 어원에 대해 탐색하고 해당 콩글리시에 대응되는 영어 표현을 찾아내는 한편 해당 영어 표현의 사용례를 다양하게 제시하기도 한다. 이러한 과정 속에서 독자들은 해당 영어 단어가 가진 배경과 역사, 문화 등 다양한 인문학적 지식을 알 수 있게 된다. 또한 많은 분들의 창의적이면서도 올바른 글로벌 영어 습관 기르기에 도움을 줄 수 있을 것이다.

하루 5분나를 바꾸는 긍정훈련

행복에너지

'긍정훈련'당신의 삶을
행복으로 인도할
최고의, 최후의'멘토'

'행복에너지
권선복 대표이사'가 전하는
행복과 긍정의 에너지,
그 삶의 이야기!

인터파크
자기계발 분야 주간
베스트 1위

권선복 지음 | 15,000원

권선복

도서출판 행복에너지 대표
지에스데이타(주) 대표이사
대통령직속 지역발전위원회
문화복지 전문위원
새마을문고 서울시 강서구 회장
전) 팔팔컴퓨터 전산학원장
전) 강서구의회(도시건설위원장)
아주대학교 공공정책대학원 졸업
충남 논산 출생

책『하루 5분, 나를 바꾸는 긍정훈련 - 행복에너지』는 '긍정훈련' 과정을 통해 삶을 업
그레이드하고 행복을 찾아 나설 것을 독자에게 독려한다.
긍정훈련 과정은 [예행연습] [워밍업] [실전] [강화] [숨고르기] [마무리] 등 총
6단계로 나뉘어 각 단계별 사례를 바탕으로 독자 스스로가 느끼고 배운 것을 직접
실천할 수 있게 하는 데 그 목적을 두고 있다.
그동안 우리가 숱하게 '긍정하는 방법'에 대해 배워왔으면서도 정작 삶에 적용시키
지 못했던 것은, 머리로만 이해하고 실천으로는 옮기지 않았기 때문이다. 이제
삶을 행복하고 아름답게 가꿀 긍정과의 여정, 그 시작을 책과 함께해 보자.

『하루 5분, 나를 바꾸는 긍정훈련 - 행복에너지』